BULLYING
SABER IDENTIFICAR E COMO PREVENIR

Aramis Antonio Lopes Neto

BULLYING
SABER IDENTIFICAR E COMO PREVENIR

editora brasiliense

copyright © by Aramis Antonio Lopes Neto, 2011
Nenhuma parte desta publicação pode ser gravada, armazenada em sistemas eletrônicos, fotocopiada, reproduzida por meios mecânicos ou outros quaisquer sem autorização prévia do editor.

Primeira edição, 2011

Diretora editorial: *Danda Prado*

Supervisão editorial: *Luciana Nobile*
Assistente editorial: *Natália Chagas Máximo*
Produção gráfica/editorial: *Heda Lopes*
Edição: *Fernanda Bottallo*
Capa e diagramação: *Iago Sartini*

Dados Internacionais de Catalogação na Publicação (CIP)
(Câmara Brasileira do Livro, SP, Brasil)

Lopes Neto, Aramis Antonio
    Bullying : saber identificar e como prevenir / Aramis Antonio Lopes Neto. – São Paulo : Brasiliense, 2011.

ISBN 978-85-11-15623-2

1. Adolescentes 2. Bullying 3. Comportamento agressivo 4. Conflito interpessoal 5. Psicologia aplicada 6. Relações interpessoais 7. Violência I. Título.

11-04772   CDD-158.2

Índices para catálogo sistemático:
1. Bullying : Pessoas difíceis : Relações interpessoais : Psicologia aplicada   158.2

editora e livraria brasiliense
Rua Mourato Coelho, 111 – Pinheiros
CEP 05417-010 – São Paulo – SP
www.editorabrasiliense.com.br

À minha companheira Leidy,
pelo amor, parceria e incentivo;

A meus filhos Bruna e Bernardo,
pela maravilhosa experiência em ser pai;

A meus netos Miguel e Beatriz,
por representarem o renascer da esperança e do amor.

SUMÁRIO

Apresentação 9
A criança e a violência 12
Introdução 18
O que é bullying ? 21
Bullying digital ou cyberbullying 29
Protagonistas 36
Alvos 43
Autores 47
Testemunhas ou observadores 53
As ações antibullying 62
Consequências do bullying sobre a sociedade 101
Bullying e saúde 107
Desafios 111
Indicações para leitura 115
Sobre o autor 117

APRESENTAÇÃO

Desde que iniciei minhas atividades profissionais, sempre tive paixão pelo trabalho em serviços de emergência e foi aí que passei meus primeiros 17 anos como médico pediatra, dedicado ao atendimento de crianças e adolescentes acometidos por quadros agudos ou injúrias causadas por fatores externos.

De início, trabalhando com serviço de emergência pediátrica de um hospital público no Rio de Janeiro, atendia e cuidava das crianças com o objetivo único de curar as lesões que apresentavam, não havendo muita preocupação sobre as causas e circunstâncias que as teriam levado àquela situação.

A partir de um determinado momento, tive a oportunidade de conhecer e trabalhar com dois colegas pediatras, Lauro Monteiro Filho e Paulo Borchert. Juntos, fomos percebendo que nem tudo era acidental e que, identificando os casos de violência, precisávamos proteger as crianças de futuras agressões, além de curarmos suas feridas externas. Daí em diante, o nosso envolvimento foi cada vez maior. Criamos a Abrapia — Associação Brasileira Multiprofissional de Proteção à Infância e à Adolescência, em 1988, e não paramos mais.

Em 2002, Lauro esteve na Europa e trouxe informações sobre o bullying e os trabalhos desenvolvidos por diversas instituições daquele continente. Ao ouvir o que relatava, percebi a importância desse fenômeno e me vieram à mente várias lembranças de meu tempo de escola. Não era nada novo, sempre existiu, mas nunca havia sido motivo de preocupação.

Sempre que a violência contra crianças e adolescentes entra em foco, a montagem de cena os coloca no papel de vítimas e os adultos, no de agressores ou abusadores. Mas no bullying não é assim! Não é só mais uma forma de violência contra crianças e adolescentes, mas a violência **entre** crianças e **entre** adolescentes.

O mais interessante é que nos preocupávamos com a violência doméstica, caracteristicamente intrafamiliar, e a exploração sexual comercial, envolvendo a prostituição, pedofilia etc. O bullying surgiu como uma espécie de "elo perdido", pois é uma forma de violência que preenche, exatamente, o espaço entre a casa e o mundo, ocupado tradicionalmente pelas escolas.

O espaço escolar é único, pois não há ambiente onde se concentre, quase diariamente, um número tão grande de crianças e adolescentes desacompanhadas.

Envolvido pelo tema, aprofundei-me nos documentos trazidos da Europa e pesquisei exaustivamente pela internet. Com uma grande quantidade de material, montei um projeto para a Abrapia e o coordenei no período de 2002/2003.

O Programa de Redução do Comportamento Agressivo entre Estudantes teve como objetivo maior investigar esse fenômeno entre estudantes do Ensino Fundamental e sistematizar estratégias de intervenção capazes de prevenir e reduzir a sua ocorrência. Foram 11 as escolas participantes, envolvendo mais de 5.800 estudantes. Além da equipe da Abrapia, cada escola procurou envolver professores, funcionários, as crianças e adolescentes e suas famílias.

O projeto durou 14 meses e sua história foi contada no livro *Diga NÃO para o Bully*ing, lançado em fevereiro de 2004. Naquele momento, o fenômeno bullying era praticamente desconhecido no país.

Embora não tenhamos sido os primeiros a realizar pesquisas sobre bullying no país, podemos afirmar, com toda a segurança, que fomos nós os precursores do grande processo de sensibilização da sociedade brasileira. Desde o lançamento do livro, a mídia de massa desempenha um papel fundamental, inserindo o tema em entrevistas, noticiários, como tema de novelas e, mais recentemente, em campanhas capitaneadas por artistas.

Hoje em dia, o fenômeno bullying é estudado, discutido e trabalhado nas áreas jurídica, de educação e de saúde. Estou certo de que nesse curto período foi o interesse da sociedade o maior determinante para a difusão do tema.

Há muito que realizar. Precisamos que todas as escolas organizem e executem ações continuadas voltadas à redução e prevenção do bullying. É urgente que o Estado, na condição de formulador das diretrizes educacionais do Brasil, se pronuncie sobre a emergência em transformar a escola de hoje em algo atraente, positivo e prazeroso para educadores e estudantes, fortalecido pelo espírito de amizade, solidariedade e valorização da diversidade.

Estudos internacionais já comprovam a forte relação entre o bullying, o comportamento antissocial e a violência social praticados por adolescentes e jovens. Portanto, se não começarmos a agir ainda nas escolas, enquanto for possível mudar comportamentos e oferecer novas oportunidades, a violência estará cada vez mais perto de nós e, possivelmente, dentro de nossas casas.

A CRIANÇA E A VIOLÊNCIA

Em toda a história da humanidade, a violência sempre esteve presente e as crianças figuram entre as maiores vítimas, principalmente em razão da crença geral de serem elas propriedades de seus pais.

Sofrendo abusos há séculos, pelo entendimento fomentado por crenças e religiões que têm as crianças como "depósitos para todos os males", é sobre elas que os adultos projetam as partes indesejáveis de seu psiquismo, controlando seus sentimentos em outro corpo, sem riscos para si próprios e protegendo-se da opressão determinada por suas ansiedades.

> *Eu nunca me senti amada. Quando o bebê nasceu, eu pensei que ele me amaria. Quando ele chora, significa que não me ama, então, eu bato nele.*
>
> Depoimento de uma mãe agressora.

As crianças eram particularmente úteis quando os adultos se encontravam diante de possibilidades de insucessos. Por isso, eram muitas vezes sacrificadas quando se iniciava uma nova aventura ou desafio, sempre na esperança de afastar os maus presságios ou agradar aos deuses.

O conceito de violência, quando relacionado a crianças e adolescentes, varia de acordo com as visões culturais e históricas, com base nos direitos e no cumprimento de regras sociais vigentes. Portanto, a ideia de que a violência seja uma manifestação social recente, não é real, ela é tão antiga quanto os primeiros núcleos civilizatórios. Apesar dessa constatação histórica, não significa que devemos entendê-la e aceitá-la como parte inevitável da condição humana.

Desde que a violência existe, também existem sistemas desenvolvidos para evitá-la ou restringi-la, nem sempre bem-sucedidos, é verdade, mas certamente todos contribuíram para a conscientização do ser humano sobre seus riscos e consequências. O conceito de violência vem sendo ampliado, valorizando-se o bem-estar da criança e do adolescente, de seus direitos e dos efeitos negativos sobre o seu desenvolvimento. A partir desses movimentos, a violência e suas consequências sobre os indivíduos, famílias, comunidades e países passaram a ser entendidas como importantes e crescentes problemas de saúde pública.

Em 1988, com a promulgação da nova Constituição da República Federativa do Brasil, a sociedade civil organizada conseguiu inserir títulos, capítulos e artigos, que garantem os direitos fundamentais do ser humano e a proteção da família, da criança, do adolescente e do idoso. Destaque para o art. 227, que adverte: "É dever da família, da sociedade e do Estado assegurar à criança, ao adolescente e ao jovem, com absoluta prioridade, o direito à vida, à saúde, à alimentação, à educação, ao lazer, à profissionalização, à cultura, à dignidade, ao respeito, à liberdade e à convivência familiar e comunitária, além de colocá-los a salvo de toda forma de negligência, discriminação, exploração, violência, crueldade e opressão.". É importante ressaltar que, em todo o texto constitucional, a expressão "absoluta prioridade" só foi utilizada neste artigo, apenas, às crianças, adolescentes e jovens.

Em 1989, a Organização das Nações Unidas realizou a Convenção sobre os Direitos da Criança, cujo texto foi aprovado na Assembleia Geral das Nações Unidade, em 20 de novembro de 2002, do qual o Brasil é um dos países signatários. Em linhas gerais, o documento define criança como todo ser humano menor de dezoito anos e responsabiliza os Estados-partes (países que aderiram ao documento) a respeitarem os direitos para elas previstos na Convenção.

Voltando ao art. 227 da nossa Constituição, seria necessária a criação de uma lei complementar para viabilizar a aplicabilidade dos direitos descritos.

Surgiu então, em 13 de julho de 1990, a Lei n.º 8.069, conhecida como Estatuto da Criança e do Adolescente. Grandes avanços voltados à proteção de direitos de crianças e adolescentes foram atingidos a partir daí, envolvendo ativamente a sociedade na discussão e na participação dessas ações. Assim é com relação à violência doméstica, à exploração e abuso sexual, ao trabalho infantil, à falta de acesso à educação etc.

Os movimentos antiviolência direcionados à proteção de crianças e adolescentes admitem, em princípio, serem os adultos os autores dos maus-tratos. Entretanto, o que vemos hoje em dia são os jovens como atores diretos nos atos de violência, tanto entre os que mais morrem, como entre os que mais matam.

Em termos conceituais, estabeleceu-se que os comportamentos que geram atos agressivos ou violentos receberiam denominações diferenciadas, baseadas na faixa de idade de seus autores: quando a ação parte dos menores de 10 anos, denomina-se agressividade infantil, e a violência juvenil é utilizado quando os executores têm entre 10 e 21 anos.

Classicamente, quando as situações de violência são tratadas de acordo com as características daqueles que a sofrem e os ambientes onde ocorrem, podemos estabelecer algumas relações diretas específicas para cada grupo, como a infância e a violência doméstica, a adolescência e os agravos em espaços extradomiciliares, ou os estudantes e as escolas e seu entorno. Em quaisquer das situações, a gravidade é visível tanto nas consequências imediatas quanto nas tardias, refletindo sobre o processo do crescimento e desenvolvimento físico e moral, sobre o rendimento escolar e até na vida adulta.

Os diferentes momentos da violência não são situações pontuais e momentâneas. São processos sucessivos vinculados entre si e interagindo constantemente com o meio onde ocorre, contribuindo para a formação da violência social e potencializando outros sérios problemas, como população de rua, exploração sexual comercial, envolvimento em atos infracionais e delinquência.

Esse texto tem por objetivo apresentar e discutir com a sociedade os possíveis elos que interligam os diversos momentos de violência que todos, em algum momento, vivenciamos.

Vamos dar destaque ao ambiente escolar, entendendo-o como um espaço prioritário a ser estudado sobre as diversas formas de violência praticadas e sofridas por crianças e adolescentes, identificando-se as suas possíveis causas e incentivando os leitores na busca de possibilidades para saná-las.

Para melhor desenvolver nossa proposta, vamos entender algumas definições: o termo "violência na escola", em seu sentido amplo, diz respeito a todos os comportamentos agressivos e antissociais que ocorrem em ambientes relacionados à escola, incluindo os conflitos interpessoais (estudante/estudante, professor/estudante etc.), danos ao patrimônio, atos criminosos (porte de armas, tráfico de drogas, violência social etc.), entre outras práticas. A solução para muitas dessas situações depende de fatores externos, cujas intervenções estão além da competência e capacidade das entidades de ensino.

Rosario Ortega e outros autores destacam a importância da convivência na organização das relações interpessoais no ambiente escolar. Nesse contexto social, as condições favoráveis para o estabelecimento de relações positivas são potencializadas pela convivência frequente e duradoura.

Admitindo-se que nenhuma escola seja igual à outra, assim como nenhum estudante seja igual ao outro, torna-se essencial conhecer a forma como são estabelecidas as redes sociais que dão suporte a essa convivência, bem como as forças que se contrapõem a esse processo. Essas características individuais revelam sérias dificuldades de alguns jovens em se adaptar ao ambiente escolar, por se sentirem desmotivados ou entediados com o que lhes é oferecido, por se ressentirem da forma como as regras e regulamentos lhes são impostos, ou devido a suas histórias familiares e sociais difíceis. Por outro lado, os motivos de insatisfação com as más condições de trabalho, com as metodologias impostas ou com a pouca valorização profissional, também afetam negativamente os educadores.

Os professores e gestores queixam-se frequentemente do comportamento dos estudantes, embora não considerem o impacto que suas atitudes possam ter sobre o ambiente escolar. As redes sociais formadas por educandos e docentes e as formas particulares de relacionamento entre si e de um para com o outro, são o que sustentam a convivência, positiva ou negativamente.

Os conflitos são fatos inevitáveis em qualquer meio social e a escola não é exceção. É fato também que a melhor maneira de se criar uma cultura de boa convivência e de não violência deve ser baseada no enfrentamento dos conflitos de forma objetiva, honesta e transparente, com o foco voltado para as ações de intermediação e resolução de problemas, quer ocorram entre as crianças e adolescentes, ou deles com os profissionais. Os conflitos devem ser resolvidos de forma positiva, proporcionando aos estudantes e professores, uma fonte de aprendizado real e uma chance de mudar.

O conceito de convivência explica o fenômeno da violência escolar no âmbito das relações interpessoais. Ao mesmo tempo, a ideia de convivência pode ajudar nas ações de prevenção e de redução do bullying, desde que haja a mobilização de todos, valorizando-se os próprios processos interpessoais existentes. Entender e abraçar esta ideia reduz a necessidade de recorrer-se a serviços externos para resolver o problema da violência, uma vez que a solução já está dentro das estruturas e redes da própria escola.

Nossa intenção é a de identificar e separar do conceito "violência escolar", um sem número de atos agressivos, que derivam de influências familiares e comunitárias, ou que se originam na própria escola. Nesse ambiente, convivem pessoas que naturalmente interagem gerando conflitos que podem e devem, ali mesmo, ser sanados. Inúmeros estudos já comprovam a possibilidade de se obter sucesso na manutenção da paz nessas instituições a partir da criação de um ambiente acolhedor, onde se promova a amizade, a solidariedade e a valorização da diversidade.

Vamos nos ater ao comportamento agressivo entre estudantes, conhecido como bullying, fenômeno antigo, frequente e universal, mas sempre entendido como natural, inócuo e, até mesmo, como necessário ao amadurecimento de crianças e adolescentes. A partir dos anos 1990, as suas causas e efeitos passaram a ser melhor compreendidos gerando inúmeros estudos e movimentos de análise de seus danos sobre os estudantes, ao ambiente escolar, às famílias e à sociedade.

Com a leitura do texto, você leitor irá recordar experiências suas relacionadas à agressividade entre jovens, quer em seus tempos de estudante, quer por meio de experiências vivenciadas por seus filhos. Todos sabem do medo, vergonha, humilhação e da baixa autoestima que essas situações provocam. Mas, apesar disso, na maioria das vezes, esses sentimentos ainda são considerados como de menor importância ou mesmo ignorados, tanto por professores, funcionários e diretores de escolas, quanto pelos próprios pais.

As escolas devem reconhecer a extensão e o impacto gerado por esse tipo de violência e desenvolver medidas para reduzi-lo rapidamente. Mas é necessária uma mobilização mais ampla, envolvendo os profissionais de saúde, particularmente os pediatras, psiquiatras e psicólogos, para que diagnostiquem com rapidez e adotem a conduta adequada diante de um caso de bullying. Que os setores de segurança e justiça se sensibilizem e apoiem as iniciativas da sociedade contra o fenômeno bullying. Quanto aos órgãos legislativo e normativos, que implantem políticas públicas visando à prevenção e redução do bullying entre estudantes, assegurando às crianças e aos adolescentes a proteção e assistência necessárias à manutenção de sua integridade física e psicológica, e ao respeito às suas características individuais.

Todos desejamos que as escolas de nossos filhos sejam ambientes seguros e saudáveis, onde eles possam desenvolver, ao máximo, seus potenciais intelectuais e sociais. Portanto, não podemos admitir que sofram violências capazes de lhes trazer danos físicos e/ou psicológicos; que testemunhem tais fatos e sejam obrigados a se calar para não virem a ser também agredidos e acabarem por achá-los banais.

INTRODUÇÃO

O processo de formação do ser humano está intimamente relacionado ao pleno desenvolvimento físico e mental, que transcorre essencialmente nos períodos da infância e da adolescência. São as experiências e conquistas adquiridas durante essas duas fases que contribuem decisivamente para a construção da identidade, individualidade e caráter do indivíduo, dados essenciais na formação do "ser social".

Essas habilidades vão sendo absorvidas ao longo da vida, inicialmente no seio da família, sob a permanente vigilância, proteção e direcionamentos determinados pelos pais ou cuidadores, aprendendo noções de respeito, limites, afeto e solidariedade, além de outros valores éticos e morais.

Quando inseridas no ambiente escolar, as crianças passam por períodos em que estarão convivendo apenas com seus pares, sem a proteção de suas famílias, buscando conquistar espaços, identidade, aceitação e estabelecendo relações que lhes garantam uma convivência social segura, saudável e prazerosa. Em geral, os recursos utilizados são aqueles já aprendidos e praticados no seio familiar. São habilidades em sua maioria positivas, seguras e suficientes para que atinjam seus objetivos. No entanto, existe um grande número de crianças que fracassam no decorrer desse processo e acabam se tornando vítimas de agressões físicas ou morais, ou adotando comportamentos agressivos, prepotentes e individualistas.

Estudos realizados comprovaram que muitos dos graves distúrbios no processo de socialização de crianças e adolescentes, acontecem quando a identificação com os pais é desintegrada por separações, rejeições e outras interferências com os vínculos emocionais existentes entre os filhos e as figuras parentais.

Será possível identificarmos a falência dessa missão familiar consequente a possíveis adversidades da vida, como justificativa para a incompetência de alguns pais em ensinar aos seus filhos a arte, as exigências e os comportamentos essenciais para uma convivência social sadia, feliz e pacífica? Admitindo-se essa hipótese como verdadeira, poderia a escola oferecer a essas crianças uma nova oportunidade do aprendizado da partilha respeitosa de espaços e tempos por meio da convivência escolar?

Com base nos preceitos constitucionais individuais e coletivos, que garantem a todos o direito à vida, à liberdade, à igualdade, à segurança e à propriedade, e na educação promovida e incentivada, visando ao pleno desenvolvimento da pessoa, seu preparo para o exercício da cidadania e sua qualificação para o trabalho, a escola pode ser o espaço de oferta de uma "segunda chance" para essas crianças, planejando e implantando ações que propiciem as condições e o tempo adequados para torná-las aptas a superar as dificuldades que as caracterizavam, com a intermediação de bons professores e dos amigos.

Como não há outros equipamentos sociais formais, capazes de oferecer a essas crianças e adolescentes, egressos ou evadidos das escolas, novas chances e outras oportunidades, muitos deles não conseguem construir uma vida produtiva, cooperativa e cidadã. Para com esses, a sociedade torna-se perversa, excluindo-os de forma implacável. E é nesse ponto, quando as oportunidades se extinguem, onde aflora a violência social que tanto nos revolta e atemoriza.

O comportamento violento resulta, portanto, da interação entre o desenvolvimento individual e os contextos sociais, como a família, a escola e a comunidade. Infelizmente, em todas as escolas, esse tipo de fenômeno parece interferir em intensidades variáveis, com os estudantes reproduzindo o que aprenderam no mundo exterior.

A busca por estratégias que recuperem uma vida mais segura para todos e, consequentemente, um ambiente escolar acolhedor, é uma prioridade para toda a sociedade, com destaque para os pais, estudantes e professores. Seus objetivos principais devem ser de criar e manter locais amigáveis e receptivos, livres de drogas, violência, intimidação e medo, onde professores possam educar e estudantes possam aprender, dentro de um clima que promova o sucesso e o pleno desenvolvimento de todos.

Mesmo admitindo-se que os atos agressivos sejam derivados de múltiplas influências, não se pode desconsiderar o direito universal de pessoas descobrirem novas formas de vida mais felizes, produtivas e seguras, com base na prerrogativa humana de mudança, de transformação e de reconstrução, ainda que em situações muito adversas. Mas esse desafio não é simples e, em geral, depende de ações multidisciplinares, firmes e competentes.

Os conflitos e agressões interpessoais observados entre os estudantes, sejam eles derivados de influências familiares e/ou comunitárias ou originados dentro da própria escola, devem sempre ser considerados como fenômenos comportamentais passíveis de controle, por meio de estratégias bem elaboradas, compostas de ações coletivas e com a participação efetiva de toda a comunidade escolar, como comprovados por inúmeras experiências e estudos científicos.

As escolas exercem influência considerável sobre o desenvolvimento social, cognitivo e comportamental da criança. Um ambiente escolar desorganizado causa impactos negativos não só sobre o aprendizado das crianças, como também sobre a capacidade dos professores para gerir eficazmente o comportamento dos educandos em sala de aula.

Sempre surgem questionamentos se a prioridade deve recair sobre os conflitos entre os estudantes ou as condições de trabalho dos professores. Não me sinto capaz para decidir esse tipo de impasse, mas a experiência demonstra que a prevenção e a redução do bullying entre estudantes tornam o ambiente escolar mais receptivo para todos, podendo refletir na redução de danos ao patrimônio, nas taxas de evasão escolar e, até mesmo, na prática de bullying entre os professores.

O QUE É BULLYING?

A forma mais frequente de violência contra crianças e adolescentes é a que ocorre entre eles próprios, conhecida como bullying. Trata-se do conjunto de comportamentos agressivos e repetitivos de opressão, tirania, agressão e dominação de uma pessoa ou grupos sobre outra pessoa ou grupos, subjugados pela força dos primeiros.

Bullying é uma palavra inglesa que identifica praticamente todos esses maus comportamentos, não havendo termo equivalente em português. *Bully* é traduzido como brigão, valentão, tirano; como verbo, significa tiranizar, oprimir, amedrontar, ameaçar, intimidar, maltratar.

Como o tema deste livro é o bullying escolar, vamos defini-lo como atitudes agressivas, intencionais e repetidas, que ocorrem sem motivação evidente, adotadas por um ou mais estudantes contra outro(s), causando dor e angústia, e executadas dentro de uma relação desigual de poder, tornando possível a intimidação da vítima.

No quadro abaixo estão relacionadas diversas ações, que podem ser entendidas como atos de bullying, desde que executados de forma repetida:

Apelidar	Ofender	Zoar	Encarnar	Gozar
Sacanear	Humilhar	Intimidar	Debochar	Encarnar
Aterrorizar	Amedrontar	Tiranizar	Dominar	Subjugar
Ignorar	Ser indiferente	Excluir	Discriminar	Isolar
Dar um gelo	Fazer sofrer	Perseguir	Ridicularizar	Assediar
Ameaçar	Agredir	Bater	Injuriar	Chutar
Empurrar	Derrubar	Ferir	Constranger	Vexar
Oprimir	Quebrar pertences	Violentar	Roubar	Furtar

Note que o bullying apresenta três elementos fundamentais: são atos repetitivos, comportamentos danosos e deliberados, existindo sempre uma assimetria imprópria de poder entre o agressor e a sua vítima.

O bullying só ocorre se houver um contexto social onde os indivíduos estejam envolvidos em relacionamentos duradouros, como acontece no ambiente escolar, quando a convivência é cotidiana. Sem esse cenário, a caracterização dos atos agressivos repetitivos torna-se improvável. Mesmo em condições em que a forma de contato seja virtual (Internet, celulares etc.), deve ser entendido que se trata de uma forma de relacionamento estabelecida em um determinado espaço de tempo e com uma frequência também definida.

O comportamento agressivo entre os estudantes foi por muito tempo considerado como um "rito de passagem benigno", sugerindo tratar-se de um fator importante na formação do caráter de crianças e adolescentes, e essencial para a construção de uma vida adulta saudável. Hoje se sabe que esse entendimento é totalmente falso.

O bullying não é um fenômeno isolado, exclusivo de culturas específicas, mas, sim, prevalente no mundo todo, encontrado em todas as escolas, independente das características sociais, culturais e econômicas de seus usuários.

As preocupações com o fenômeno bullying, em sua grande maioria, cresceram a partir das publicações internacionais na década de 1990. Nessa mesma época, diversas campanhas e programas conseguiram identificar e reduzir a incidência de comportamentos agressivos nas escolas, principalmente na Europa.

Existem experiências exitosas, realizadas com maior frequência nos cenários escolares, voltadas à redução do comportamento antissocial e agressivo entre crianças e adolescentes, que incluem a melhoria da competência e da capacidade social em relação aos colegas e à promoção de comportamentos positivos, amigáveis e cooperativos. Esses programas, entre os quais se incluem as ações antibullying, estão entre as estratégias mais eficazes de prevenção contra a violência juvenil (Organização Mundial de Saúde), na redução significativa dos comportamentos antissociais (Centro de Estudos de Prevenção da Violência — USA) e na melhoria do relacionamento social entre crianças e adolescentes. Eles também parecem ser mais efetivos quando implantados em instituições de educação infantil e de ensino fundamental.

Classificação por formas de agressão e tipos de danos:*

- **bullying verbal**: apelidar, falar mal e insultar;
- **bullying moral**: difamar, disseminar rumores e caluniar;
- **bullying sexual**: assediar, induzir ou abusar;
- **bullying psicológico**: ignorar, excluir, perseguir, amedrontar, aterrorizar, intimidar, dominar, tiranizar, chantagear e manipular;
- **bullying material**: destroçar, estragar, furtar, roubar;
- **bullying físico**: empurrar, socar, chutar, beliscar, bater; e,
- **bullying virtual ou cyberbullying**: divulgar imagens, criar comunidades, enviar mensagens e invadir a privacidade, com o intuito de assediar a vítima ou expô-la a situações vexatórias.

*Fonte: Estado de Santa Catarina — Lei n.º 14.651, de 12 de janeiro de 2009.

Nem todas as agressões podem ser classificadas como bullying, mas todos os atos de bullying são agressões danosas e derivadas de comportamentos hostis e prepotentes, não importando a forma como são praticados. Existem dois critérios de classificação baseados nas circunstâncias em que as vítimas são agredidas e no tipo de agressão sofrida. As ações diretas são as praticadas diretamente contra os alvos ("cara a cara"), enquanto as indiretas não exigem a presença física dos alvos para que sejam efetivadas ("pelas costas"). Em um ataque direto, a vítima vê o seu agressor; em um ataque indireto, a vítima é ferida, mas nem sempre sabe a quem culpar.

O bullying direto é subdividido em físico (bater, chutar, tomar pertences), verbal (apelidos, insultos), gestual, sonoro ou relacional (sinais, imitações, sons simulados, atitudes preconceituosas, sexuais ou discriminatórias) etc. Entende-se como bullying indireto: a disseminação de histórias desabonadoras, exclusão, ameaças, furtos, danos materiais etc. O bullying indireto facilita a prática de agressões, dificulta a sua detecção e praticamente impossibilita a autodefesa.

Uma das formas de bullying indireto que interfere no relacionamento social, também chamado de bullying social, incorre em excluir um colega de um grupo de conversa ou da participação em alguma atividade coletiva. Outra possibilidade é a indiferença diante da aproximação do alvo, ou a disseminação de histórias desabonadoras.

Uma modalidade de bullying indireto, que foge dos moldes tradicionais desse fenômeno, é o bullying digital ou cyberbullying, que utiliza as novas tecnologias de informação e da comunicação para a execução de comportamentos deliberados, repetidos e hostis.

As crianças frequentemente desaprovam as agressões físicas, mas se envolvem em outras formas de intimidação social, sem perceber que também são danosas e que, da mesma forma, podem causar graves consequências.

Para os adultos, professores e pais, identificar o bullying indireto é mais difícil, o que impede uma intervenção imediata. Assim ocorre com situações de bullying relacional (exclusão), verbal (difamação), cyberbullying etc.

Algumas características da prática de bullying modificam-se de acordo com a idade dos protagonistas: a prevalência de bullying já é detectada na educação infantil, a partir dos 3 anos, e atinge sua maior incidência na faixa de 11 a 13 anos, quando as crianças passam pelas experiências da pré-puberdade e puberdade e se tornam socialmente mais qualificados, passando a ser fundamental a aceitação pelos seus pares. A partir daí, os números começam a decrescer. Os meninos mais novos utilizam o bullying físico com mais frequência, quando comparados aos mais velhos. Quanto mais jovens forem as crianças frequentemente agressivas, maiores serão os riscos de apresentarem comportamentos antissociais mais tarde.

O bullying escolar é um importante problema de saúde pública, que atinge de 20% a 40% da população de estudantes e exige demandas crescentes de atenção e intervenção.

No Programa de Redução do Comportamento Agressivo entre Estudantes, que tive a oportunidade de elaborar e coordenar, observou-se alguns dados relevantes, que podem ser vistos no quadro a seguir:

> - 40,5% dos estudantes entrevistados admitiram estar diretamente envolvidos em atos de bullying, seja como autores e/ou alvos;
> - 57,5% testemunharam atos de bullying entre seus colegas;
> - 71,6% dos alvos admitem sofrer bullying o ano todo ou há muitos anos;
> - O local de maior ocorrência de bullying é a sala de aula;
> - Quase a metade dos alvos não falou a ninguém sobre o bullying sofrido;
> - 80% dos estudantes desaprovam a prática de bullying, mas não sabem o que fazer a respeito e não creem que as escolas estejam dispostas ou sejam capazes de modificar esse cenário. *

*Fonte: *Diga Não para o Bullying* (2004), Lopes & Saavedra.

Tanto nas pesquisas realizadas em nosso projeto, quanto em estudos de outros autores, os tipos de bullying praticados variam com o sexo dos envolvidos. Assim, os apelidos correspondem a mais de 50% da totalidade dos atos de bullying. Os meninos são a maioria entre os autores e os alvos de bullying. As meninas adotam mais a prática do bullying indireto (difamando, oprimindo, excluindo etc.), o que dificulta a sua identificação, por não ser uma agressão explícita. Outro fato perceptível é que os autores de bullying de ambos os sexos são mais cruéis com os alvos do mesmo sexo do que com os do sexo oposto.

É consenso que os atos de violência, sejam eles quais forem, se praticados com frequência, apresentam uma característica evolutiva, em que os níveis de agressividade e gravidade são crescentes e persistentes.

Inúmeras são as situações bastante preocupantes em nosso meio. O crime organizado consegue agregar às suas tropas, adolescentes cada vez mais jovens. Por outro lado, na classe média, grupos denominados *pitboys* se organizam com o objetivo de praticar atos violentos e discriminatórios.

> *Quem sofre as humilhações, as pressões, as ameaças, vive em pânico... os pais nunca sabem do que acontece, porque os filhos nessa época são muito cobrados:*
> *— Tem que ir à escola. Tem que tirar nota boa!*
> *Dizer para um pai ou uma mãe que não dá mais, que estou sofrendo muito, é praticamente impossível...*

Depoimento de um universitário vítima de bullying na escola.

Possivelmente, esses jovens que hoje amedrontam a sociedade, já haviam demonstrado algum tipo de comportamento agressivo em suas casas e nas escolas, mas a pouca atenção e o alto nível de tolerância aos atos aparentemente menos danosos, impediram que eles tivessem a oportunidade de mudar as suas atitudes.

Há muita preocupação na relação entre bullying e problemas físicos e psicológicos, os mais diversos, que podem acometer com maior frequência tanto alvos quanto autores. Uma das maiores preocupações e objeto de diversos estudos internacionais, é a relação com as intenções suicidas e com o suicídio de adolescentes.

O suicídio é um dos principais problemas de saúde na adolescência. Os fatores de risco conhecidos são inúmeros e podem estar relacionados ao gênero, depressão, ansiedade, uso de drogas, orientação sexual, história familiar de suicídio, separação dos pais, circunstâncias adversas de vida etc. O bullying não é o único fator de risco para pensamentos e comportamentos suicidas, mas ele deve ser incluído como um dos mais importantes, particularmente para os estudantes que se envolvem ora como agressores e ora como vítimas.

> *Fui vítima. Guardo reflexos negativos do que ocorreu, até hoje e tenho dificuldade em superar o passado. O impacto sobre aspectos de minha autoestima e padrões de comportamento social inibem ou tolhem uma vida social-sentimental-familiar-profissional mais bem ajustada. Preciso de ajuda para superar isso.*
>
> Depoimento de um adulto que foi vítima de bullying na escola.

Algumas situações já amplamente noticiadas, em que estudantes armados invadiram suas escolas e atiraram contra colegas e professores, merecem atenção especial. Segundo as investigações realizadas pelo Serviço Secreto norte-americano, 75% desses jovens eram sabidamente vítimas de bullying que, para combater o poder que os fazia sucumbir, recorreram às armas. Em quase todos os casos, não havia alvo específico. Parece que o real desejo deles era o de "matar a Escola" e todos que lá estivessem, porque foi lá que eles sofreram violências diariamente, onde todos testemunharam seus calvários e nada fizeram para protegê-los.

1977 — WEST PADUCAH, KENTUCKY, USA
    Autor — 14 anos (3 mortos e 5 feridos)
1998 — JONESBORO, ARKANSAS, USA
    Autores — 11 e 13 anos (5 mortos)
1998 — SPRINGFIELD, OREGON, USA
    Autor — 17 anos (2 mortos)
1999 — ESCOLA COLUMBINE, LITTLETON, COLORADO, USA
    USA — Autores — 17 e 18 anos (13 mortos e dezenas de feridos). Suicidaram-se em seguida
1999 — TABER, CANADÁ
    Autor — 14 anos (1 morte)
2003 — TAIUVA, SÃO PAULO, BRASIL
    Autor — 18 anos (8 feridos). Suicidou-se em seguida
2004 — REMANSO, BAHIA, BRASIL
    Autor — 17 anos (2 mortos e 3 feridos). Tentativa de suicídio

2004 — Carmen de Patagones, Argentina
   Autor — 15 anos (4 mortos e 5 feridos)
2007 — Universidade Virginia Tech, Virginia, USA
   Autor — 19 anos — (32 mortos). Suicidou-se em seguida
2011 — Realengo, Rio de Janeiro, Brasil
   Autor — 23 anos — (13 mortos). Morreram 10 meninas e 3 meninos, todos com idade entre 12 e 14 anos. Após ser baleado por um policial, suicidou-se em seguida.

A prática de bullying não deve ser considerada como característica normal do desenvolvimento do adolescente, mas, sim, um indicador de risco para a adoção de comportamentos violentos mais graves, incluindo o porte de armas, brigas frequentes e lesões relacionadas a brigas, uso de drogas (drogadição) e crimes.

BULLYING DIGITAL OU CYBERBULLYING

Hoje o mundo experimenta uma nova era tecnológica marcada pela facilidade de acesso à comunicação e à informação globalizada. São recursos que, uma vez disponibilizados, passam a ser indispensáveis em nossas vidas.

Esse novo conceito de comunicação a princípio parece perfeito, pois promove a equidade de direitos e tem como premissa a liberdade de expressão e da universalidade de acesso. Isso significa que todos podem emitir as suas opiniões a qualquer momento, sobre qualquer tema, e transmiti-las de onde e para onde desejarem, assim como todos os outros têm acesso a elas. No entanto, esse mundo virtual livre, sem fronteiras e sem restrições é usado para o bem e para o mal. Não há mecanismos totalmente seguros e confiáveis, capazes de controlar e monitorar o fluxo dessas informações, assim como inexistem critérios éticos ou morais que possam normatizar as comunidades que integram as redes sociais virtuais.

As novas tecnologias, como a internet e telefones celulares, experimentaram um crescer vertiginoso nesses últimos anos. Os recursos tecnológicos atuais permitem tanto a troca de informações pessoa a pessoa ou por meio de uma ligação telefônica, como a comunicação de massa, como o rádio e a TV. Os limites são infinitos é a transmissão quase instantânea. A humanidade convive com transformações que a maioria de nós não consegue acompanhar ou não tem conhecimento suficiente para dominá-las.

A introdução da informatização nas escolas possibilitou maior acesso a esses novos recursos e permitiu a melhoria da interação social entre os estudantes e o aperfeiçoamento de técnicas de aprendizado cooperativo.

Pesquisas importantes têm demonstrado que a existência de computadores em salas de aula tem efeitos positivos no aprendizado, em todas as matérias. No entanto, esse processo de modernização também trouxe problemas que merecem a nossa atenção.

Apesar dos numerosos benefícios que a tecnologia provê, há também um lado obscuro, que é o seu uso indevido não só pelos adultos, mas também pelos próprios jovens. Não raro podem ser encontradas manifestações violentas, ameaças, assédios e condutas que incitam a adoção de comportamentos antissociais.

Recentemente, surgiu uma nova forma de bullying, denominado cyberbullying ou bullying digital. É um tipo de bullying classificado como indireto, emergente entre escolares, que permite a utilização de diversos recursos tecnológicos com fins violentos.

Segundo o canadense Bill Belsey, "cyberbullying envolve o uso de tecnologias da informação e da comunicação como e-mails, telefones celulares, pagers, mensagens instantâneas, salas de conversação, sites difamatórios, enquetes pessoais com fins pejorativos colocados on-line etc., com a finalidade de legitimar comportamentos hostis, deliberados e repetitivos, produzidos individualmente ou em grupos, para causar danos a outros".

A prevalência do cyberbullying varia com a idade e parece estar ligada à autonomia e ao acesso à tecnologia. Não se observou diferenças significativas relacionadas ao gênero.

Trata-se de um problema global, com vários incidentes registrados em diversos países, inclusive aqui no Brasil. Recentemente, a justiça do Rio Grande do Sul condenou a mãe de um adolescente que criou página na Internet com a finalidade de ofender colega de classe.

Uma pesquisa da Symantec, empresa de segurança, divulgada em julho de 2010, aponta que 80% dos jovens brasileiros já tiveram alguma experiência negativa durante a navegação na web. O número é superior à média global, que chega a 62%. Entre os entrevistados, 58% disseram que já receberam convites de desconhecidos em redes sociais e 34% já assistiram a conteúdos de violência e nudez na internet, além de relatos de assédios, ataques de vírus e, principalmente, de cyberbullying.

O grande desafio que paira sobre o bullying digital passa pela identificação das facilidades, causas e circunstâncias para que ocorram, das consequências possíveis aos participantes diretos e indiretos e das soluções comprovadamente eficientes para preveni-lo e interrompê-lo.

Na verdade, há uma nova geração de indivíduos que utilizam mecanismos tecnológicos para se comunicar de forma natural e espontânea. São jovens que possuem capacidade de exploração associada à informação. São capazes de realizar múltiplas tarefas ao mesmo tempo, como navegar na internet, falar ao celular, trocar mensagens instantâneas com diversas pessoas, enviar e ler e-mails e atualizar suas informações em sua página eletrônica. Essa simultaneidade de ações é possível graças à adoção de uma forma sequencial, para eles lógica, que os aproxima do domínio total da tecnologia.

As novas tecnologias seduzem as crianças desde cedo e permitem a aquisição de novos saberes. O seu conhecimento vai progredindo com as informações que recebem do meio onde se inserem: do meio familiar, de seus grupos de pares, da escola, dos meios audiovisuais etc.

Os jovens de hoje vivem em uma sociedade em rede e fazem de seus comportamentos a máxima expressão da mesma. Trata-se de usuários que pertencem a comunidades virtuais, criam seus próprios espaços pessoais na rede (weblogs, wikis, páginas pessoais etc.), utilizam transmissores instantâneos de mensagens, salas de conversação etc., garantindo com isso a comunicação e a colaboração com um número inimaginável de outros usuários, estejam eles distantes ou em espaços próximos.

A internet é parte integrante da adolescência, a adaptação à rede digital não é um ato de imposição, porque os adolescentes cresceram com a internet representando algo muito próximo do cotidiano, como um ingrediente a mais em suas vidas. Nesta nova geração, que detém um alto domínio da moderna tecnologia, se encontram os autores de bullying, que se utilizam desses recursos como mais uma via para a prática de atos violentos.

O bullying digital apresenta algumas características semelhantes às formas tradicionais, como o fato de ser uma conduta violenta, onde os atos são premeditados, intencionais e repetitivos e está fundamentado em uma relação assimétrica de poder sobre o outro. Mas a prática do cyberbullying mostra algumas especificidades próprias, relacionadas à agilidade na transmissão das informações, à sua grande capacidade de disseminação e ao fato de as agressões com base em textos e imagens conterem maior concretude, permanecendo acessíveis por mais tempo e permitindo a reprodução e a retransmissão.

Outros destaques são a grande variedade de recursos tecnológicos, a facilidade em utilizá-los simultaneamente ou a possibilidade de mudança de um para o outro, quando houver algum impedimento. Essa versatilidade favorece a execução de violências camufladas, sem autoria revelada ou identificadas com nomes falsos ou pseudônimos.

A garantia do anonimato converte o agressor em um fantasma, que passa a destroçar cruelmente a vida de outras crianças e de outros adolescentes, aumentando a sensação de impotência e inviabilizando a adoção de mecanismos tradicionais de resposta ou proteção contra esses tipos de humilhações.

O cyberbullying tem muita facilidade de se propagar e de invadir ambientes de aparente segurança, como as residências. Isso o transforma em um tipo de agressão que não respeita limites, diferenciando-o do bullying tradicional, que permite aos alvos se sentirem mais seguros em seus lares, como se fossem refúgios onde vivenciam momentos de menor sofrimento. Daí o entendimento de que as consequências do bullying digital sejam mais graves.

Existem duas modalidades de cyberbullying: a que é utilizada para reforçar o bullying já praticado pessoalmente, e aquele em que não há antecedentes. Na primeira modalidade, os autores consideram o cyberbullying como uma forma de agressão mais sofisticada, que se desenvolve quando as formas de assédio tradicionais deixam de ser atraentes e satisfatórias. Nesses casos, o agressor é identificado com mais facilidade, já que se trata de autor do bullying presencial. Os efeitos desse tipo de cyberbullying são somados aos que já padece o alvo de bullying, mas amplificam e aumentam os danos, por causa da abertura universal e da generalização das agressões nas páginas da web.

Com respeito à segunda modalidade, esses agressores são os que não têm antecedentes conhecidos, de modo que, sem motivos aparentes, os alvos começam a receber alguma forma de hostilidade pela internet. Exatamente pelo fato de as agressões serem inéditas, a identificação dos "cyberautores" nem sempre é factível, a não ser que, depois de um tempo, eles decidam completar suas obras com experiências presenciais, mostrando-se aos seus alvos.

Os atos de cyberbullying são mais frequentes fora do ambiente escolar, mas pesquisas comprovaram que mais da metade dos seus autores identificados estudavam na mesma escola de seus alvos. Portanto, o bullying pode começar no meio digital e, posteriormente, estender-se para o meio escolar, ou vice-versa.

No caso das redes de relacionamento, MSN, Facebook ou Orkut, as agressões são distribuídas maciçamente e, por vezes, identificam aquele que esta sendo submetido à humilhação, para aumentar o impacto. Essas conversações virtuais acabam sendo temas de comentários dentro do ambiente escolar.

> O cyberbullying pode ser praticado por estudantes vitimizados pelo bullying tradicional. A garantia do anonimato os libera do confronto direto com seus alvos e da necessidade do apoio social do grupo. Pressionados pela baixa autoestima e diante da ansiedade em se tornarem pessoas diferentes, a proteção dada pelas teclas e telas os transfigura em indivíduos seguros, corajosos, ousados e desinibidos. Muitas dessas mensagens têm efeitos mais danosos do que se fossem ditas pessoalmente.

Nas ações contra o cyberbullying, uma das primeiras metas a serem alcançadas em qualquer programa de prevenção, é a de garantir que as pessoas estejam informadas a respeito do problema. A capacitação de professores e pais é necessária para o correto entendimento do que é o bullying digital e suas possíveis consequências, quando praticado de forma frequente e prolongada.

Há muita controvérsia a respeito das responsabilidades legais sobre os danos causados pelo cyberbullying. Cabe aos pais a responsabilidade de supervisionar seus filhos, mas existem dúvidas quanto ao direito das escolas em punir ou censurar as agressões digitais praticadas fora da instituição.

Quando os atos de cyberbullying são executados nas casas de seus autores, nos finais de semana ou durante a noite, as escolas teriam direito ou responsabilidade para intervir? Podem as escolas proibir o uso de celulares pelos estudantes, se eles foram dados aos jovens por razões de segurança? Podem as escolas impedir o acesso dos estudantes a computadores, considerando-se que esse ato poderia influenciar o seu aprendizado?

Uma das primeiras reações de professores e pais é a de punir os autores de cyberbullying. Mas como nos casos de bullying tradicional, as intervenções de apoio não acusatórias funcionariam melhor, também, nos casos de bullying digital.

Não há experiências comprovadamente exitosas de estratégias de prevenção e redução do bullying digital. São inúmeros os obstáculos a serem superados:

- O silêncio dos alvos é um dos mais importantes. Frequentemente ocorre sentimentos de vergonha e humilhação, porque alguns adultos adotam atitudes críticas, banalizando o sofrimento dos escolares, e cobram reações que eles próprios não são capazes de realizar, transferindo a responsabilidade pelas agressões aos próprios alvos.

- O silêncio é também motivado pelos temores de que seus pais, ao tomarem conhecimento das agressões sofridas por eles, retirem seus celulares e computadores. Apesar dos riscos, os jovens preferem continuar sofrendo cyberbullying a serem excluídos da rede digital, considerado um castigo ainda maior. Os jovens veem a internet como uma forma de conviver com o seu grupo.

• Pais e filhos relacionam-se com a tecnologia de forma diferente. Uma pesquisa realizada nos Estados Unidos demonstrou que metade dos pais entrevistados não tem ou não sabe como monitorar os programas de relacionamento, ou mesmo as atividades na internet, de seus próprios filhos.

Assim como os programas antibullying estimulam estudantes testemunhas a ter posturas mais ativas, não se calando diante das agressões contra seus colegas, o mesmo poderia ocorrer com relação ao cyberbullying. No Canadá, diversos escolares acessam os sites de relacionamento e prometem defender os que forem alvos de bullying digital.

Programas curriculares que incorporam o ensino de valores, educação e empatia, além de histórias e dramatizações, poderiam ser recursos para a redução do cyberbullying. Em resumo, as ações já utilizadas para a prevenção do bullying poderiam também ser utilizadas para o controle do cyberbullying. No entanto, é necessário o desenvolvimento de experiências que comprovem a sua eficácia.

Não se trata de fazer demagogia contra os recursos tecnológicos; esses recursos deveriam vir acompanhados de um código de ética, que favorecesse o seu uso adequado e saudável. Quaisquer medidas, sejam elas das famílias ou das escolas, devem aludir para o uso responsável da internet entre os jovens. Devemos conscientizá-los que atrás de uma tela sempre há uma pessoa, que merece ser tratada com respeito, e que a liberdade de expressão não pode servir como justificativa para causar danos ou agredir a outros.

PROTAGONISTAS

O bullying é um fenômeno sistêmico, que existe em função de atitudes individuais e coletivas e do contexto social determinados pelos níveis de tolerância e valores gerados por influências familiares, sociais e da própria escola. Portanto, todos os componentes da comunidade escolar são protagonistas efetivos, diretos ou indiretos, das ações de bullying.

Entre os estudantes, quatro tipos de participação podem ser identificados:

- **Agressores ou autores** — são os que adotam comportamentos agressivos contra alguns de seus colegas.
- **Vítimas ou alvos** — são os que sofrem as agressões repetitivas.
- **Alvos/autores** — são os que ora agridem e ora são vítimas.
- **Testemunhas ou observadores** — são os que não se envolvem diretamente em atos de bullying, mas os assistem e convivem em um meio onde ocorrem.

Os papéis assumidos pelos estudantes alvos/autores de bullying guardam uma relação lógica com os anos que cursam, ou seja, entre os estudantes dos anos iniciais, a frequência de alvos era maior, enquanto nos anos mais avançados, predominavam os autores. Essa constatação sugere que a relação desigual de poder, necessária à prática de bullying, seja exercida pelos estudantes maiores e mais velhos, sobre os menores e mais jovens.

A participação de cada criança ou adolescente diante de situações de bullying é dinâmica e circunstancial. Não há como estabelecer critérios rígidos sobre o comportamento adotado pelos indivíduos. Ninguém agride o tempo todo ou é agredido a todo o momento. Os estudantes transitam entre a figura de agentes ativos autores e/ou alvos, e a de testemunhas passivas.

Os autores, alvos e alvos/autores, não só atuam de diferentes formas nos atos de bullying, como também demonstram diferentes comportamentos sociais, em função do momento e da situação vivenciada. Há que se considerar algumas características individuais que conduzem a criança ou o adolescente à adoção de um desses papéis.

No Programa de Redução do Comportamento Agressivo entre Estudantes foi possível demonstrar que 80,2% dos entrevistados, quando colocados na condição de testemunha, admitiram aversão ao bullying, sentimentos de solidariedade aos alvos e temor quanto à sua própria integridade. Portanto, parte dos que atuam como autores, nem sempre aprovam atitudes agressivas de alguns de seus colegas.

Pesquisa sobre Educação realizada nos Estados Unidos em 1993, revelou que aproximadamente 50% dos estudantes do Ensino Fundamental utilizavam estratégias para se protegerem de injúrias na escola. Esse tipo de preocupação não é restrito às vítimas, pois mesmo entre as testemunhas de bullying, há motivações suficientes para buscarem proteção.

O bullying na escola é considerado a forma mais frequente de violência contra crianças e adolescentes. A presença desse tipo de comportamento deriva ou gera uma grande variedade de problemas de ordem comportamental, emocional e social.

Diversos autores identificaram quais poderiam ser os fatores predisponentes que indicariam a maior ou menor probabilidade de os estudantes atuarem como alvos e/ou autores na infância ou adolescência. Atualmente, admite-se a existência de 13 desses fatores, sendo que oito representam características individuais e cinco, fatores contextuais.

FATORES PREDISPONENTES INDIVIDUAIS

1. **Gênero** — há diferenças na prática de bullying, quando analisados grupos exclusivos do sexo masculino, feminino ou mistos.
2. **Idade** — entre as diversas faixas etárias avaliadas, observam-se algumas diferenças nas atitudes relacionadas ao bullying, incluindo os tipos de agressões, a prevalência de autores e alvos, a frequência dos atos de bullying etc.
3. **Comportamento exteriorizado** — definido como ações que fogem do controle, por serem caracterizadas por atitudes desafiadoras, agressivas, discordantes etc.
4. **Sintomas internalizados** — são alterações menos explícitas, que refletem sentimentos mais íntimos, incluindo introversão, depressão, ansiedade e fobia etc.
5. **Competência social** — avaliação global das habilidades sociais do indivíduo, que o tornam capaz para interagir efetivamente com os outros, e saber evitar ou inibir comportamentos socialmente inaceitáveis.
6. **Autopercepção** — são pensamentos, conceitos e atitudes sobre si mesmo, como a autoestima, respeito próprio, auto-imagem etc.
7. **Percepções sobre os outros** — são pensamentos, conceitos e atitudes relacionados a terceiros, com base em padrões normativos, empatia e atrativos.
8. **Desempenho acadêmico** — avaliado pelos processos tradicionais de avaliação do aprendizado.

FATORES PREDISPONENTES CONTEXTUAIS

1. **Ambiente doméstico/familiar** — fatores identificados como derivados do ambiente familiar, incluindo conflitos

com os pais, pouca coesão familiar, relação pais e filhos (participação), condições socioeconômicas, estilos de cuidados dos responsáveis.

2. **AMBIENTE ESCOLAR** — envolve o grau de respeito, o tratamento equitativo dos estudantes por parte dos professores e funcionários, bem como o sentimento de pertencimento dos escolares em relação à escola.

3. **FATORES COMUNITÁRIOS** — baseados nas características da população e das regiões de moradia em que vivem as crianças e adolescentes, incluindo indicadores socioeconômicos, índices de violência e indicadores de desenvolvimento humano (IDH).

4. ***STATUS* SOCIAL** — reflete a qualidade das relações entre as crianças e adolescentes com seus pares, observando-se o grau de rejeição, isolamento, popularidade, simpatia, empatia etc.

5. **INFLUÊNCIA DOS PARES** — refere-se ao impacto positivo ou negativo de seus colegas em relação à adaptação na escola, por exemplo, a aceitação dos identificados como fora dos padrões, as atividades prossociais dos grupos e a valorização dos comportamentos adequados e inadequados.

Por definição, o bullying ocorre dentro de um contexto social composto pela influência de características individuais das crianças e adolescentes envolvidos, e do cenário onde ocorre. Portanto, a análise do impacto com base nas características individuais, sem considerar as influências externas, limita a percepção sobre o bullying, destacando as qualidades pessoais, em vez do caráter contextual que facilita a ocorrência desses incidentes. A aplicação de critérios que levem em conta as pessoas e seus ambientes, promoverá um melhor entendimento sobre as condições favoráveis à ocorrência de bullying e suas possíveis consequências, para os indivíduos e os locais onde ocorre.

Diversos fatores individuais e contextuais são considerados relevantes na identificação dos três grupos de personagens ativos — autores, alvos e alvos/autores — e na organização de programas de prevenção e intervenção do bullying. Embora alguns desses fatores predisponentes se mostrem mais presentes do que outros em cenários de bullying, todos eles devem ser lembrados em pelo menos um dos seguintes grupos:

• **Autor típico** — exibe comportamento exteriorizado, apresenta sintomas internalizados, competência social e desafios acadêmicos; possui atitudes e pensamentos negativos sobre os outros, percepção negativa sobre si mesmo, dificuldades de solucionar problemas ou conflitos com os colegas; provêm de ambiente familiar conflituoso ou com supervisão pobre; seu conceito sobre a escola é provavelmente negativo; tende a ser influenciado por fatores comunitários e por seus pares de forma imprópria. Três fatores principais: comportamento exteriorizado, percepções sobre os outros e influência dos pares.

• **Alvo típico** — demonstra sintomas internalizados; adota comportamento externalizado; possui habilidades sociais deficientes, autopercepção negativa, e dificuldades na solução de problemas sociais; provém de ambientes negativos na família, comunidade e escola; apresenta alto nível de rejeição e isolamento pelos companheiros. Dois fatores preponderantes: sintomas internalizados e status social.

• **Alvo/Autor típico** — associa problemas internalizados e externalizados; engloba atitudes e conceitos negativos de si e dos outros; possui baixa competência social, habilidades inadequadas ou insuficientes para solucionar problemas sociais e baixo desempenho acadêmico; é rejeitado e excluído por seus colegas, além de sofrer influências negativas deles. Sete prognósticos identificados: comportamento externalizado, competência social, autopercepção, desempenho acadêmico, ambiente escolar, status social e influência dos pares.

Existem fatores que, embora não sejam determinantes para a ocorrência de bullying, agem como facilitadores para a sua existência ou perpetuação entre os estudantes. São circunstâncias relacionadas aos contextos sociais, como a família, a escola e a comunidade:

- O comportamento agressivo é essencial para o surgimento do autor, mas seu comportamento será incentivado se seus atos representarem ganhos sociais, materiais ou pessoais.
- A tolerância ou a negação ao bullying pelos adultos é a essência básica para a impunidade e o incentivo para o crescimento da agressividade, da vitimização e da omissão.
- Para que as crianças submissas e solitárias se tornem alvos de bullying é necessário que haja crianças agressivas no grupo e que o contexto social seja tolerante a isso.
- As relações sociais desempenham um papel fundamental na perpetuação do bullying.
  — Não ter amigos é considerado um fator de risco para se tornar alvo. Por outro lado, ser vitimizado conduz à perda de amizade ou, pelo menos, à redução na convivência.
  — Estar junto aos alvos pode ser entendido como um risco para se tornar vítima também, além de não trazer nenhum benefício social.
  — O costume de se isolarem pode tornar os alvos menos atraentes aos colegas.
  — Os autores de bullying, em geral, são membros de rede social ampla.
- A convivência em ambientes onde as vitimizações dos alvos sejam diárias, induzem ao entendimento que se tratem de atos banais e que não mereçam atenção ou intervenção.
- Em grupos sociais onde haja crianças agressoras, o comportamento agressivo pode se tornar uma regra, e os atos de bullying acabam se tornando um meio para a manutenção do poder.

- A grande maioria dos estudantes-testemunhas reprova os atos de bullying, mas também demonstra descrença sobre as possibilidades de as escolas intervirem com eficácia.
- Ao observarem as agressões, muitos podem acreditar que adotar esse tipo de comportamento seja o melhor caminho para alcançar a popularidade ou poder, e tentam se transformar em autores de bullying.

> Todos os estudantes perdem com a prática do bullying e com a falta de programas voltados à sua prevenção e redução. Sentimentos de descontentamento por estar na escola e queda do rendimento escolar são os sinais mais precoces percebidos.
>
> Os alvos, autores e testemunhas, são merecedores de atenção e ações voltadas à sua proteção e à promoção da amizade, solidariedade e respeito às diferenças.

ALVOS

Os alvos de bullying são os que sofrem agressões repetitivas de outros estudantes ou de um grupo deles. Eles ocupam esse espaço por períodos variáveis, justificados por situações circunstanciais ou por características físicas, comportamentais ou sociais.

Em nosso estudo, a maioria dos alvos sofria agressões com grande frequência e por longos períodos, demonstrando que é realmente muito difícil se livrar dessa situação quando não se tem a ajuda de colegas, professores e pais.

Os estudantes-alvos do sexo feminino admitem ser vítimas, mais frequentemente, de apelidos e difamações (fofocas), enquanto, entre os de sexo masculino, as agressões físicas e ameaças surgem logo após os apelidos.

A situação pode se agravar por não disporem de recursos, status ou habilidade para reagir ou fazer cessar o bullying. Muitas vezes se tornam pouco sociáveis, sentem-se inseguros e desesperançados quanto à possibilidade de se adaptarem ao grupo. Acabam tendo poucos amigos ou perdendo as amizades que conquistaram. Dificilmente participam de brincadeiras coletivas, por medo da rejeição ou por optarem pelo isolamento.

Sentem-se infelizes, sofrem com o medo, a vergonha, a depressão e a ansiedade. Muitos acreditam que sejam merecedores dos maus-tratos sofridos.

Podem evitar a escola e o convívio social, como proteção contra novas agressões. Queixas de indisposição, dores de cabeça ou de barriga, na hora de ir para a escola, podem se tornar frequentes. Alguns se sentem tão oprimidos, que acabam tentando ou cometendo suicídio.

> *... sofri bullying minha vida inteira, me tornei uma pessoa traumatizada, com a estima baixíssima... Já tentei suicídio, odeio viver, faço terapia e tomo antidepressivos. Além de eu ter sido zoado pra caramba na escola, as mulheres me acham feio. Minha vida é uma desgraça, não queria voltar ao curso de direito, mas meus pais estão me obrigando.*
>
> Depoimento de um rapaz vítima de bullying
na infância e na adolescência

Sua baixa autoestima é agravada por intervenções críticas de adultos sobre o seu comportamento, culpando-os pelas agressões sofridas. Muitas vezes, a tentativa de buscar ajuda, com professores ou pais, é marcada pela insensibilidade diante de seu sofrimento.

As consequências podem perdurar por toda a vida. São mais sujeitos a apresentar baixa autoestima e quadros depressivos antes dos 23 anos de idade, quando comparados a grupos de não alvos. Mesmo quando adultos, apresentam dificuldades de ordem afetiva.

Como profissionais, podem não desenvolver todo o seu potencial, pelo sentimento de insegurança, medo e resistência à exposição pública ou ao convívio social. Existe a possibilidade de sofrerem bullying aí também.

Algumas situações mais extremas são passíveis de ocorrer, como a fobia escolar, em que o medo, a ansiedade e as manifestações depressivas incapacitam crianças e adolescentes para frequentar a escola. Outros estudantes agredidos buscam recursos para o seu empoderamento, utilizando, mais frequentemente, as armas de fogo.

> *Bullying é um lance que mexe comigo, porque passei por isso em três escolas, até que larguei de vez, quando tinha 16 anos, na metade do 2º ano do 2º grau. Sempre tive notas altas e tal, mas simplesmente não deu pra aguentar... Daí fiquei mal, depressão..., um ano depois, fui internada por 11 dias como esquizofrênica pelo meu psiquiatra da época...*
>
> Depoimento de uma mulher adulta, vítima de bullying na adolescência.

Estudos mostram que os professores tendem a ignorar o bullying, quer porque eles não sabem o que fazer, ou porque pensam que são as próprias crianças que devem encontrar as soluções para os seus problemas. Com isso, eles demonstram que o nível de tolerância à violência entre estudantes é bastante elevado, e que a maioria dos atos de bullying será ignorada. Não é de se admirar o porquê de os estudantes muitas vezes não conseguirem dizer aos professores ou pais sobre seus sofrimentos, pois eles sabem que efetivamente nada será feito para protegê-los, e que, ao se expor, a situação pode piorar ainda mais.

Os alvos de bullying podem apresentar alguns dos seguintes indicadores:
- dores de cabeça
- dores abdominais
- dificuldades para dormir
- urinar na cama
- depressão
- ansiedade
- absenteísmo escolar
- recusa em ir à escola
- queda da motivação e do desempenho escolar
- autoagressão
- pensamentos suicidas
- tentativas de suicídio
- perdas de bens materiais
- solicitação de dinheiro
- fome ao sair da escola
- ferimentos ou marcas no corpo
- roupas sujas ou rasgadas
- materiais escolares rasgados ou quebrados e, algumas vezes, até furtados
- agressões a terceiros

As crianças vítimas de bullying podem ter problemas relacionados à escola, como faltas frequentes ou abandono. Sentem-se sob risco e infelizes na maioria dos dias, afirmam não pertencer à escola. Alguns estudos referem associação entre sofrer bullying com o maior consumo de drogas.

Algumas crianças demonstram que os cuidados familiares podem influenciar no seu status social entre os colegas. Assim é que muitos alvos de bullying são excessivamente protegidos por seus pais ou cuidadores, limitando suas habilidades em defender-se e em enfrentar desafios. Outros, tratados como eternos bebês, são incentivados a adotar comportamentos infantilizados, como o uso de chupetas e mamadeiras, retardando seu desenvolvimento psíquico e emocional, e dificultando seu relacionamento com os de sua idade, mais amadurecidos.

Há um grupo em que as crianças são identificadas como bode expiatório. No próprio seio familiar, são alvos de críticas sistemáticas e responsabilizados pelos fracassos e frustrações de seus pais. Dessa forma, são agredidos com frases do tipo "Desde que você nasceu, a minha vida virou um inferno", "Você é um traste, não serve pra nada", "Some da minha frente, desapareça!". Quando chegam à escola, muitas vezes buscam relações que os tratem de forma semelhante.

Se a escola organizar um programa antibullying eficiente, criando regras e mecanismos claros de controle do comportamento agressivo, os alvos se sentirão mais seguros para relatar seu sofrimento e solicitar a ajuda de seus colegas, professores, funcionários e pais.

AUTORES

O autor de bullying é identificado como alguém que ataque repetitivamente outro indivíduo que não seja capaz de reagir. Esse personagem já pode ser identificado desde a educação infantil, a partir dos 3 anos de idade, por suas características agressivas.

Os estudantes do sexo masculino praticam mais bullying do que as do sexo feminino, e podem apresentar dificuldades relacionadas à socialização.

Os autores de bullying podem ser classificados em três tipos, de acordo com as suas características:

AUTORES TÍPICOS

- são muito populares
- sentem-se confiantes e seguros
- assumem atitudes agressivas também contra os adultos (pais/professores)
- demonstram opinião e atitudes negativas sobre os outros
- são geralmente mais fortes que os demais e que seus alvos
- podem apresentar sentimentos negativos sobre si mesmos
- estão insatisfeitos com a escola
- possuem satisfação em causar danos e sofrimentos a outros
- têm necessidade imperiosa de dominar os colegas
- aprendem a usar o poder com a intenção de agredir e controlar os outros
- sofrem influências negativas de seus pares

- têm dificuldades em solucionar problemas de relacionamento
- pode existir um "componente benéfico" em sua conduta (domínio, prestígio, furto, pedágio etc.)

AUTORES PASSIVOS OU SEGUIDORES

- participam das intimidações, mas normalmente não tomam a iniciativa
- muitas vezes são induzidos pelos autores típicos a buscarem um alvo para si
- submetem-se ao domínio dos autores típicos para preservar a sua segurança, evitando serem alvos de bullying
- sua participação pode ser uma estratégia para isentar de responsabilidade os autores típicos

ALVOS/AUTORES

- ora sofrem e ora praticam o bullying
- representam cerca de 20% dos autores

Não existem características físicas ou emocionais que garantam a adoção de comportamento agressivo pelos estudantes. No entanto, alguns indicadores pessoais, familiares e sociais, são considerados como facilitadores e são frequentemente observados em autores de bullying.

Há fatores que decorrem de alterações biológicas ou psicológicas, que contribuem para o aumento da agressividade de algumas crianças e adolescentes, de forma temporária ou permanente. Assim é com os que sofreram algum tipo de lesão cerebral decorrente de trauma (quedas ou atropelamentos). Causas circunstanciais também podem induzir a alterações de ordem psicológica e comportamental. A síndrome do estresse pós-traumático decorre de alguma experiência negativa, como a morte de um ente querido, separação dos pais, perda de poder econômico, vítima de uma ação criminosa (assalto, sequestro etc.) ou o nascimento de um irmão mais novo. A ocorrência desse quadro pode conduzir a mudanças transitórias, que tendem a retornar à normalidade com o passar do tempo, embora em algumas circunstâncias possam perdurar por períodos mais longos.

Não há uma causa única que determine a prática de bullying nas escolas. Um grande número de diferentes fatores pode conduzir um estudante a se tornar autor de bullying. Entretanto, algumas crianças e adolescentes, que vivem em condições familiares adversas, parecem ter maior predisposição para desenvolver agressividade. Entre os fatores de risco identificados, podem ser destacados a falta de afetividade e de envolvimento dos pais, o excesso de tolerância ou de permissividade (falta de limites) em relação ao comportamento agressivo, a ausência ou perda de um ou de ambos os pais, os atos de bullying em casa e a afirmação de poder familiar pela prática de maus-tratos físicos ou de explosões emocionais violentas (violência doméstica).

Influências comunitárias, como o alto índice de criminalidade e a banalização da violência pela mídia, filmes, vídeogames etc., também podem influir sobre o comportamento dos escolares.

A prática de bullying na escola pode ser um indício importante de que os estudantes autores tendem a adotar comportamentos antissociais e violentos, imediatos e tardios. Crianças e adolescentes autores frequentes de bullying são mais propensos que outras à:

- aderirem ao consumo de álcool e drogas
- faltarem às aulas
- evadirem-se da escola
- apresentarem pouca empatia (pouca preocupação com os sentimentos alheios)
- serem agressivos ou manipuladores com irmãos, pais e outros, inclusive com animais
- envolverem-se em brigas

- danificarem ou roubarem bens de terceiros
- aparecerem com dinheiro extra ou com objetos de origem não revelada
- apresentarem pensamentos suicidas ou tentarem suicídio
- portarem armas na escola
- praticarem violência doméstica
- envolverem-se em atos criminoso

Apesar de alguns autores de bullying serem rejeitados, em geral eles são populares, respeitados, temidos e até admirados. Eles apreciam seu status social elevado, fortalecido pelas atitudes dos colegas, seja apenas como observadores ou como incentivadores ativos e passivos.

Como já foi dito, os meninos e meninas tendem a usar diferentes tipos de bullying. Enquanto eles preferem as formas mais explícitas, como o bullying físico e verbal, elas preferem formas mais indiretas, como ridicularizar, difamar ou excluir.

Tanto os estudantes autores como os alvos/autores, são agressivos. No entanto, os primeiros utilizam a agressividade como instrumento de intimidação dos mais fracos, enquanto os outros a utilizam de forma reativa. Essa diferença gera impactos sociais distintos: os alvos/autores são rejeitados e os autores conseguem criar um núcleo social mais tolerante.

Os alvos/autores constituem um grupo diferenciado, apresentando algumas características peculiares, que os distinguem dos autores, alvos e testemunhas.

- suas agressões decorrem, geralmente, como reação a uma violência sofrida
- possuem poucas habilidades sociais
- têm poucos amigos
- sentem-se inseguros
- têm atitudes e opiniões negativas sobre si mesmo e sobre os outros

- apresentam dificuldades para interagir socialmente
- não têm boas habilidades para resolver problemas de relacionamento
- seu desempenho acadêmico é baixo
- sofrem influências negativas de colegas com quem interagem
- são rejeitados e isolados por seus pares, por causarem tensão e irritação
- demonstram insatisfação com a escola
- podem adotar com mais facilidade comportamentos reativos, incluindo o porte de armas, hostilidade e violência continuada contra outros

As características básicas de seu comportamento agressivo distinguem-se das apresentadas pelos autores típicos, por optarem, com mais frequência, pelo uso da violência física, a forma de bullying mais reprovada entre crianças e adolescentes. Esse grau de rejeição pode ser fortalecido pelo fato de serem inoportunos e por procurarem humilhar os colegas para encobrir as suas limitações

O grupo de alvos/autores merece atenção especial por apresentar maior incidência de problemas relacionados à depressão, ansiedade, insegurança, dificuldades de concentração, autoagressão, pensamentos suicidas e suicídio. Caracteriza-se pelo desajuste social e comportamental, alta prevalência de hiperatividade, impulsividade e distúrbios emocionais. O encaminhamento deles para tratamento psiquiátrico é mais frequente, se comparado com o de outros grupos.

A organização de estratégias voltadas ao aconselhamento e à educação dos autores, que enfatiza a necessidade de reconhecimento de seus atos e do desenvolvimento do sentimento de empatia, poderá ser eficaz, desde que as consequências contra o comportamento agressivo sejam estabelecidas de forma clara e participativa. Para que os jovens mudem seu comportamento, é fundamental que reconheçam que os atos de bullying causam graves consequências para todos, inclusive para eles próprios

("Eu quebrei uma regra e estou em apuros. Eu não quero passar por isso novamente!") e que precisam modificar suas atitudes e encontrar outras formas de satisfazer as suas necessidades.

Muitos jovens que adotam comportamentos antissociais apresentam dificuldades para sair dessa situação e mudar sua forma de agir. A identificação desses momentos críticos, associados à garantia de um relacionamento amigável e receptivo, é fundamental para o sucesso em ajudá-los. Portanto, atitudes punitivas ou excludentes, que se baseiam na lógica simplória de expurgar o mau, sem se preocupar em criar um ambiente seguro, saudável e prazeroso, não são estratégias efetivas no controle e redução do bullying.

TESTEMUNHAS OU OBSERVADORES

São os estudantes que não se envolvem diretamente em atos de bullying, mas convivem em um ambiente onde o fenômeno ocorre e que, certamente, exerce influências sobre o seu desempenho escolar, sentimento de segurança e relacionamento social na escola.

A pesquisa da Abrapia identificou que dos 5.875 estudantes entrevistados, 57,5% deles negaram envolvimento direto em situações de bullying e, dessa forma, foram classificados como testemunhas, mas, na verdade, mesmo que muitos se autointitulem alvos e/ou autores, todos eles, em algum momento, apenas testemunham as agressões praticadas e sofridas por outros colegas.

Enquanto assistem a um episódio de bullying, os estudantes podem desempenhar diferentes papéis, desde observador passivo a participante ativo. Atualmente, identificam-se três formas de participação: defensores (ajudam os alvos), seguidores (assistem ou incentivam os autores) e passivos (ficam distantes e não intervêm).

Os observadores ou testemunhas são representados pela grande maioria dos estudantes, que sofrem algum tipo de influência e reagem de diferentes formas. Os dados da tabela a seguir dizem respeito aos sentimentos admitidos pelos estudantes ao testemunharem casos de bullying em suas escolas. Observe que 82,4 % das respostas indicam sentimentos negativos em relação ao bullying.

	N.º	%	
Mal	1.297	26,5%	⎫
Medo que pudesse acontecer comigo	607	12,4%	⎬ 82,4%
Triste	378	7,7%	⎬
Fiquei com pena	1.637	33,4%	⎬
Fiquei com pena do agressor	115	2,4%	⎭
Fingi que não vi	261	5,3%	
Não me incomodou	398	8,1%	
Bem	203	4,2%	
Total	**4.896**	**100,0%**	

Fonte: Abrapia 2003.

A postura assumida pelas testemunhas de bullying é determinada por diversos fatores pessoais e circunstanciais. Além dos sentimentos citados, há ainda o entendimento de que não seja um problema seu, de não se sentir capaz para cessar o bullying, de não saber como agir, de temer chamar a atenção para si. Além disso, é constante a descrença na capacidade e interesse da escola em interromper o bullying.

Questões determinadas pelo contexto social e por crenças e normas existentes entre os membros de grupos, também são relevantes na forma de participação dos observadores:

- não ter amigos é considerado um fator de risco para se tornar alvo
- ser vitimizado reduz a convivência com os colegas
- ao se isolarem, os alvos tornam-se menos visíveis aos demais
- estar junto dos alvos pode ser um risco para se tornar vítima também
- não existe nenhum benefício social em ser amigo do alvo
- os autores de bullying, em geral, são membros de rede social ampla, por isso, a convivência com eles é mais atraente

As dificuldades e temores acabam promovendo um clima de silêncio, que acoberta esses atos e dá aos adultos uma falsa sensação de tranquilidade, com a crença de que o bullying não ocorra, ou de que se trate de um problema menor, não interferindo na dinâmica escolar. Dessa forma:

- a convivência em ambientes onde as vitimizações são diárias, induzem as crianças e adolescentes ao entendimento de que se trata de atos banais e que não merecem atenção ou intervenção
- em grupos sociais onde há crianças agressoras, o comportamento agressivo pode se tornar uma regra, e os atos de bullying tornam-se recursos eficazes para a manutenção do poder
- ao observarem as agressões, muitos podem acreditar que adotar esse tipo de comportamento é o melhor caminho para alcançarem a popularidade ou poder, e tentam se transformar em autores de bullying

Os próprios colegas testemunhas ou observadores podem influenciar diretamente na ocorrência de bullying, seja intervindo e ajudando os alvos, seja apoiando e incentivando os autores.

Quando o bullying ocorre na escola, admite-se que em 85% dos casos os adultos não estejam presentes. Isso significa que quem assiste a esses atos de violência são os próprios estudantes. Decorre disso uma gama de reações individuais e coletivas que, em parte, contribui de forma significativa para a contaminação social e aumenta a capacidade de disseminação do bullying.

As opiniões individuais dos estudantes pesquisados revelam, em sua maioria, simpatia pelas vítimas e desaprovação aos atos de bullying. No entanto, as reações positivas ou negativas diante dos atos de bullying podem ser influenciadas pelos grupos nos quais crianças e adolescentes interagem, suplantando, inclusive, os seus próprios princípios. Pertencer a um contexto social outorga a seus membros uma identidade social que não só os identificam, como estabelece regras de comportamento, que pode torná-los mais relutantes e inseguros em intervir diretamente ou para informar os adultos sobre os casos observados, ou mais suscetíveis à adoção de atitudes discriminatórias e de práticas de bullying.

Diversos estudos procuram correlacionar o protagonismo desses estudantes com aspectos psicológicos, traços de personalidade, habilidades sociais, motivação moral, empatia e autossuficiência, buscando explicar o porquê de alguns deles assumirem atitudes proativas, como defensores dos colegas, outros se mostrarem totalmente alheios aos atos de violência ou incentivarem e participarem da prática de bullying. Entre os fatores mais importantes, favoráveis às intervenções das testemunhas em favor dos alvos, destacam-se as manifestações agressivas mais amenas, as atitudes positivas de proteção às vítimas e o entendimento de que seus pais e amigos, mas não os professores, esperam que eles prestem apoio aos alvos.

Para que possam lidar melhor com seu senso de justiça, os estudantes podem adotar posturas diversas diante dos atos de bullying. As atitudes assumidas podem estar relacionadas a impulsos emocionais e motivacionais, variando desde a oferta de assistência em busca da redução do sofrimento até o entendimento de que os alvos de bullying mereçam sofrer, por serem pessoas más, insignificantes ou rejeitadas pelo grupo. Em nossa pesquisa, 11,6% dos estudantes admitiram que o bullying era praticado porque os alvos mereciam castigo e por serem diferentes. Culpabilizar os alvos pelo bullying sofrido não é um tipo de atitude exclusiva dos autores, mas também pode ser adotada por uma parte significativa das testemunhas, ao observarem atos de agressividade.

O clima escolar e a sensação de segurança sofrem influência direta não apenas dos atos de bullying em si, como também do contexto onde ocorrem e da forma como os observadores reagem, sendo mais positivos se as testemunhas adotarem atitudes protetoras, e piores se houver predomínio dos incentivadores, explícitos ou mesmo passivos. A passividade das testemunhas é entendida de forma similar aos incentivos explícitos.

Nesses casos, o silêncio é considerado como uma manifestação de apoio aos autores de bullying.

Os resultados da pesquisa Abrapia revelam que, quando os estudantes alvos solicitam ajuda, os colegas são mais procurados do que os professores ou as famílias. Esse achado reforça a hipótese de que os pares fazem jus à credibilidade neles depositada, pois, embora 35,7% deles tenham negado apoio, 27,5% agiram com eficácia e obtiveram resultados positivos, correspondentes à redução ou cessação do bullying.

Essa aparente omissão ou indiferença ao sofrimento do outro pode ser explicada pelo não conhecimento do que seja o bullying, pela incerteza sobre o que fazer, pelo sentimento de incapacidade em solucionar o problema, ou, ainda, pelo medo de que a agressão se volte contra o defensor.

Os que não praticam ou sofrem bullying devem ser entendidos como parte do problema e parte da solução. Por isso, a abordagem do bullying visando à sua redução, deve envolver toda a comunidade escolar, desenvolvendo ações voltadas às transformações no ambiente das turmas e ao incentivo à percepção do bullying por todos os estudantes.

As ações continuadas de conscientização e mudança de comportamento de professores e escolares contribuem para a identificação de diferentes formas de bullying e para a desconstrução de crenças e conceitos que favoreçam a perpetuação da agressividade entre os estudantes.

O desenvolvimento de técnicas de mediação feito pelos próprios escolares, parece ser bastante promissor e eficaz na redução do bullying escolar. Seus objetivos são voltados para que a maioria silenciosa sinta-se corresponsável pela prática de bullying e se sensibilize para agir em defesa dos colegas vitimizados.

Considerando que a conquista de amigos representa uma parte essencial no desenvolvimento do sentimento de afeto, intimidade e empatia de crianças e adolescentes, estudos têm demonstrado que as amizades de boa qualidade podem desempenhar um papel importante para todos os protagonistas do fenômeno bullying, tanto protegendo-os de se tornarem alvos, como atenuando o comportamento agressivo dos autores

Os bons amigos podem ser particularmente importantes para que os autores de bullying consigam aprender e aperfeiçoar certas habilidades sociais que possam não ter adquirido antes e, com isso, trocar atitudes agressivas por comportamentos mais sociáveis.

Diversos estudiosos afirmam que as testemunhas detêm um grande poder capaz de reduzir drasticamente o bullying escolar.

Existem algumas recomendações para pais e professores sobre como abordar seus filhos e pupilos e torná-los mais proativos.

- Aborde o tema com seu filho, imponha as suas ideias, mas não seja autoritário. Ouça o que ele tem a dizer e pergunte o que faria em determinadas situações.
- Em casa, procure ser um modelo de cooperação e colaboração. Provavelmente, se houver uma boa relação entre pais e filhos, as crianças adotarão comportamento semelhante.
- Encoraje seu filho a relatar aos adultos o bullying do qual seja testemunha.
- Oriente para que seu filho garanta a sua segurança em primeiro lugar. Nem sempre agir sozinho é a medida mais apropriada.
- Oriente seu filho e educandos para que deixem claro a seus amigos que eles não são favoráveis aos atos de bullying.
- Não pare para assistir ou para encorajar um autor de bullying.
- Nunca ameace, agrida ou difame algum colega.
- Respeite a todos, sem exceção.
- Valorize as características individuais de cada um, principalmente as que tornam as pessoas únicas.
- Mostre-se amigável aos colegas novos em sua escola.
- Se perceber que alguém está sofrendo bullying, ponha-se em segurança e decida sobre a atitude que vai tomar.
- Fale alto para que o alvo pare com o bullying.
- Recuse-se a aderir ao bullying e saia.

- Apóie o estudante que está sofrendo bullying e peça ajuda a um professor ou funcionário da escola. Relatar o ocorrido pode ajudar a solucionar a situação.
- Os estudantes testemunhas podem se tornar mais ativos no combate ao bullying.
- Diga aos professores e funcionários que você deseja ajudar para reduzir o bullying.
- Descubra em que circunstância o bullying ocorre e como é identificado em sua escola.
- Se não existe uma política antibullying em sua escola, envolva-se para desenvolver uma. Se já existe um programa implantado, descubra o que acontece e trabalhe junto para torná-lo melhor.
- Peça aos professores para que conversem com todos sobre os problemas do bullying e o comportamento das testemunhas.
- Integre-se ou crie um grupo de professores, funcionários, estudantes e pais que promovam a amizade, a solidariedade e o respeito às diferenças, enfim, a não violência na escola.
- Sugira à escola que inicie uma campanha para a prevenção e redução de bullying.

Uma forma efetiva para reduzir o bullying é a de ensinar aos estudantes observadores que eles podem e devem interferir em apoio às vítimas sempre que testemunharem bullying em suas escolas. Para que sejam agentes antibullying proativos, os estudantes devem ser treinados com base em quatro princípios:

1. Apresente o termo bullying e incentive para que a turma crie uma definição para esse fenômeno.
2. Diga aos escolares que o bullying causa danos a toda a escola e que todos são responsáveis por preveni-lo. Peça que criem regras claras de convivência, que todos possam cumprir.

Condense as ideias em torno de três a quatro frases, e coloque-as no mural da sala. Por exemplo:
— Trate seus colegas com educação e respeito.
— Faça com que todos se sintam bem e sejam amigos.
— Ajude a quem está sofrendo bullying.

3. Discuta sobre a diferença entre "fofoca" e "relato". Fofocar é dizer o que o colega fez apenas com a intenção de colocá-lo em apuros. Relato é descrever o que um indivíduo fez contra outro.

4. Recomende a todos para que nunca encorajem os autores e que não participem de atos de bullying. Faça-os entender que devem sempre colaborar para que o bullying acabe.

Quando os estudantes testemunhas conhecem o problema e têm percepções positivas com relação aos alvos de bullying, sua tendência maior é a de ajudar as crianças e adolescentes vitimizados, em vez de apoiarem os agressores.

Essas são algumas ideias que professores podem adotar para criar vínculos de cuidado entre os observadores e as vítimas:

• Quando estudantes são transferidos para uma nova escola ou classe no decorrer do ano letivo, eles podem ter poucos amigos e, portanto, tornam-se mais vulneráveis às ações dos autores de bullying. Para auxiliar no relacionamento deles com os novos colegas, uma boa ideia é a criação de um "comitê de boas-vindas", que ofereça companhia nos primeiros dias, promova um passeio por toda a escola, informe as rotinas da turma (troca de salas, horários das aulas etc.) e cuide de sua inclusão em jogos e brincadeiras no pátio.

• Como os autores de bullying preferem que seus alvos sejam mais fracos que eles, as vítimas são, em geral, mais numerosas entre os estudantes mais jovens. Uma estratégia proativa capaz de mobilizar os observadores para que intervenham em prol dos alvos de bullying, é a de incentivar relações positivas entre os estudantes mais velhos e os mais jovens. Isso pode ser concretizado indicando escolares de turmas mais avançadas para atuarem como auxiliares dos professores ou como tutores nas turmas dos mais novos, ou habilitando-os como organizadores e juízes de jogos coletivos e outras atividades nos pátios. O incentivo para que turmas de mais velhos adotem as classes mais novas e participem juntos de diversas atividades, é outra possibilidade.

• Sempre que surgem situações relacionadas aos estudos ou a questões sociais nas quais os estudantes mais velhos interajam positivamente com os mais novos, sob a supervisão de adultos, é possível fortalecer vínculos entre os dois grupos e motivar os mais maduros a proteger seus jovens colegas.

• Uma forma súbita de bullying pode acontecer quando um grupo ou a turma toda decide banir socialmente um ou mais colegas. Para combater esse tipo de agressão, uma possível solução é a criação de "embaixadores", estudantes treinados para mediar conflitos, para incentivar a boa receptividade, para orientar e guiar os que necessitam de auxílio e para interpelar os autores. Seus locais de ação podem ir além das salas de aula, ocupando espaços onde a formação de grupos seletivos seja frequente, como pátios, refeitórios, entradas e saídas da escola.

No cyberbullying também existe a figura da testemunha ou do observador, que lê, ri, comenta e retransmite. Um dos motivos para explicar o porquê do bullying digital causar mais danos do que a forma tradicional, reside exatamente na sua alta capacidade de disseminação e no número imprevisível de testemunhas. Mais uma vez, a atitude de apoio aos alvos é decisiva para interromper o processo de agressão. Os observadores devem ser incentivados a não se utilizar do cyberbullying, a apagar todos os que receberem e a não retransmiti-los jamais.

AS AÇÕES ANTIBULLYING

A violência é considerada como o maior problema de saúde pública no mundo, portanto, há muito interesse sobre as ações voltadas para a prevenção de comportamentos agressivos e violentos.

Como a adoção de atitudes agressivas na infância é considerada fator de risco para a adoção de comportamentos violentos e criminosos na adolescência e na juventude, as estratégias preventivas direcionadas a crianças e adolescentes, como os programas centrados nas escolas, são consideradas intervenções promissoras.

Quando o livro *Diga NÃO para o bullying* foi publicado em 2004, descrevendo o Programa de Redução do Comportamento Agressivo entre Estudantes, registrei a minha esperança para que cada instituição de ensino desenvolvesse programas voltados para a redução do bullying entre seus estudantes e que a prevenção de sua ocorrência se tornasse objeto de uma política pública permanente e obrigatória em todas as escolas.

Passados seis anos, é gratificante ver que a sociedade está cada vez mais mobilizada, que inúmeras escolas já introduziram o combate ao bullying como uma de suas prioridades e que já vigoram leis antibullying em alguns estados e municípios. Considerando que a formulação de políticas públicas tende a criar uma mudança de cultura que nem sempre é efetivada em curto espaço de tempo, mesmo assim, há que se louvar a sensibilidade do Poder Público em demonstrar interesse pela melhoria do ambiente escolar.

O bullying é um fenômeno universal, existe em todas as escolas, já é percebido entre os estudantes desde a educação infantil e suas consequências afetam a todas as crianças e adolescentes, sem exceção. Trata-se de um problema complexo, não existindo soluções simples para sua redução.

Todos os programas entendem as escolas como sistemas dinâmicos e complexos, e que elas não podem ser tratadas de maneira uniforme. Consequentemente, as estratégias e ações antibullying devem ser definidas individualmente, observando suas prioridades, suas características ambientais e, principalmente, as influências culturais, sociais e econômicas exercidas sobre as comunidades atendidas.

A condição básica para que o bullying seja reduzido nas escolas é que sejam adotadas políticas antibullying pautadas no desenvolvimento de um trabalho continuado. Ações que podem ser incluídas no cotidiano das escolas, sem que novas atividades sejam acrescidas à grade curricular, mas inserindo o bullying como um tema transversal e permanente em todos os momentos da vida escolar.

Não há projetos antibullying bem-sucedidos sem o envolvimento de toda a comunidade escolar, professores, funcionários, pais e estudantes. Para o entendimento da importância da implantação desses programas nas escolas, a primeira medida deve ser a de conscientizar os professores sobre a natureza social do bullying e sobre a necessidade do estabelecimento de estratégias proativas, voltadas à sua prevenção, dentro do currículo, e reativas, que definam as condutas adotadas diante de incidentes identificados.

Os programas antiviolência implantados nas escolas determinaram significativas reduções nas taxas de bullying, que variaram de 20% a 80%. O sucesso obtido foi diretamente proporcional à participação ativa de alunos, professores, gestores, funcionários e pais. As medidas adotadas são relativamente simples, de baixo custo e compostas por ações continuadas, voltadas para a conscientização da necessidade de se combater a violência e para a criação de acessos para a proteção e assistência às vítimas e agressores.

Para fins conceituais, as estratégias preventivas são classificadas com base no direcionamento dado às ações. As ações primárias são aquelas cujo objetivo é o de atingir indistintamente a todos os estudantes; as secundárias, são as dirigidas apenas a crianças e adolescentes já identificados como agressivos ou em risco de adotarem esse tipo de comportamento.

Nenhuma escola tem respostas prontas para cada problema, assim como não existe nenhum método padrão que sirva para lidar com todos os tipos de incidentes. No entanto, existem alguns princípios que devem ser considerados por todos que pretendam criar um programa anti-bullying transformador e eficiente:

- As ações de prevenção individuais não podem ser consideradas suficientes.
- As intervenções individuais bem-sucedidas dependem de estratégias mais amplas nas salas de aula e na escola como um todo.
- Esse fenômeno deve ser amplamente discutido na escola e as regras contra atos de bullying definidas com clareza, para que todos as conheçam e que sejam adotadas universalmente.
- A meta final é a de promover a amizade, prevenir o isolamento, encorajar as ações solidárias e valorizar a diversidade.
- Os autores de bullying devem ser induzidos a interromper seu comportamento agressivo e a controlar seus impulsos de agressividade.
- Os professores devem intervir de maneira consistente e regular.
- A escola ou cada turma deve criar regras de convivência, que promovam o entendimento entre todos e estabeleçam as formas de intervenção contra atos agressivos.

Tem sido limitado o sucesso dos programas cuja proposta seja voltada à prevenção ou redução do bullying na infância e adolescência. Mesmo quando os programas têm um impacto positivo, a melhora é medida em relação ao conhecimento e percepção das crianças e não sobre as taxas de vitimização e agressividade. Impõe-se maior atenção sobre os múltiplos fatores individuais e contextuais que favoreçam a prática do bullying. Esses indicadores podem fornecer uma base mais sólida para o controle do comportamento entre os estudantes.

A identificação de fatores predisponentes em casa ou na escola pode facilitar a abordagem de crianças em risco e fornecer as bases necessárias para uma intervenção objetiva e eficaz. Entende-se por fatores predisponentes individuais: gênero, idade, comportamento exteriorizado, sintomas internalizados, competência social, autopercepção, percepção sobre os outros e desempenho acadêmico. Dentro do grupo de fatores predisponentes contextuais estão o ambiente doméstico/familiar, o ambiente escolar, os fatores comunitários, o status social e a influência de pessoas mais próximas.

Cada uma das características individuais e contextuais contribui com pesos diferentes sobre as diversas formas de protagonismo de crianças e adolescentes em situações de bullying. A seleção dos fatores de maior influência em cada tipo de comportamento e em cada tipo de bullying pode ser uma estratégia bastante promissora para o planejamento dos programas de intervenção e prevenção dessa prática, com base em uma visão múltipla, que avalie e valorize todas as circunstâncias possíveis.

Atualmente, a maioria dos programas antibullying ressalta as ações genéricas de intervenção, baseadas em estratégias contextuais voltadas à prevenção e à redução do bullying. Intervenções genéricas ou universais são práticas que afetam toda a população de crianças e adolescentes pertencentes a um contexto em particular, como é a escola. São exemplos de intervenções universais: a adoção de regras antibullying claras, executadas com eficiência e isenção, e de sistemas de registros de incidentes de bullying relatados pelos estudantes. Provavelmente, 80% a 90% da população sejam afetadas pelas ações genéricas.

Com o desenvolvimento de novas pesquisas e avaliações sobre as ações antibullying, causam preocupação as características individuais observadas em alvos, autores e alvos/autores que podem requerer mais do que as intervenções universais, como a organização de outras formas de apoio direcionadas às dificuldades individuais de algumas crianças e adolescentes.

Há certas ações, como o desenvolvimento de habilidade para resolução de problemas, que poderiam ser implementados transversalmente, atingindo a todos os grupos, seja de alvos, autores ou testemunhas, enquanto outros seriam utilizados em grupos específicos, como a melhoria da empatia com foco apenas nos autores de bullying.

Considerando que os fatores predisponentes identificados em situações de violência sejam os mesmos que favorecem a prática de bullying, pode-se admitir que as técnicas utilizadas para a redução de uma podem também ser efetivas para o outro.

As intervenções que contemplem os fatores individuais e contextuais simultaneamente, evidenciarão efeitos positivos. Não bastam ações voltadas à abordagem das peculiaridades dos alvos, autores e alvos/autores, sem que se questione a mudança da escola para um ambiente receptivo, isento, solidário, prazeroso e promotor do sentimento de pertencimento para todos.

O modo pelo qual as escolas devem reagir varia de acordo com as circunstâncias em que o bullying ocorre e com as práticas e recursos de cada uma delas. Dessa forma, a verdadeira natureza de um incidente deve ser sempre avaliada, antes de se aplicar qualquer estratégia, e as formas de agir só devem ser adotadas se a escola dispuser de equipe treinada e disponibilidade para esse fim.

A motivação que leva uma pessoa a praticar bullying pode ser decorrente de uma infinidade de problemas pessoais, que precisam ser identificados e sanados.

As escolas estão melhorando, a cada dia, a forma de lidar com o bullying, mas ainda resta algum tempo para que seja possível garantir uma rápida solução para todo e qualquer incidente desse tipo. Em alguns casos, tudo o que se precisa é uma simples palavra vinda do professor ou de um colega, para que o estudante perceba que o que está fazendo é errado. No outro extremo, os autores mostram-se intratáveis. A busca de novas ideias deve continuar, sendo as mais promissoras acompanhadas e analisadas com toda a atenção.

Como já foi comentando anteriormente, a proteção e a segurança das crianças e adolescentes são deveres da família, da sociedade e do Estado. Esses direitos e deveres são consagrados na Convenção da ONU sobre os Direitos da Criança, na nossa Constituição e no Estatuto da Criança e do Adolescente (ECA). Em relação aos estudantes, o mesmo entendimento legal se presta à obrigatoriedade de as escolas serem locais onde possam ser educados em uma atmosfera livre do medo; portanto, a responsabilidade pela proteção das crianças e adolescentes nas escolas é institucional. Trata-se de um dever legal garantir o acesso universal às medidas de proteção contra quaisquer atos violentos, incluindo o bullying. Independente das idades dos autores ou dos alvos, as escolas estão sujeitas às penalidades da lei.

Todas as entidades de ensino e creches devem garantir aos pais e responsáveis que as crianças e adolescentes, sem exceção, deixem as escolas, minimamente, nas mesmas condições físicas e morais que entraram.

Há ainda o outro lado dessa moeda, que diz respeito à responsabilidade dos pais dos estudantes com comportamentos agressivos. Devem eles ser cientificados sobre a inadequação e os riscos da prática de bullying e de seu dever legal em prestar o apoio e assistência necessária à mudança desse comportamento.

> O Estatuto da Criança e do Adolescente incumbe os pais do dever de sustento, guarda e educação. São eles sujeitos a punições sempre que ficarem constatadas ameaças ou violações aos direitos reconhecidos por falta, omissão ou abuso dos pais ou responsáveis.

Portanto, se for verificado que os pais incentivam seus filhos a adotar atitudes agressivas e prepotentes contra outros escolares ou se as escolas comunicarem aos pais sobre comportamentos antissociais adotados de forma continuada por seus filhos e aqueles não tomarem as providências cabíveis, eles estarão sujeitos a repreensões, punições e até a perda do poder familiar.

Mesmo não havendo ainda uma determinação federal que obrigue todas as escolas do país a organizar programas antibullying, algumas prefeituras e estados já sancionaram leis com esse objetivo. Resta saber se serão efetivamente cumpridas.

Embora o crime de prática de bullying não esteja previsto no Código Penal Brasileiro, as formas de agressões adotadas podem ser entendidas como agressões, racismo, difamação, calúnia, ameaça, assédio. Com relação ao cyberbullying, apesar de a legislação ainda ser bastante precária em relação ao uso e abuso de práticas pela internet, nos maiores centros do país já existem delegacias especializadas em combater os crimes virtuais.

Salvo as situações de extrema gravidade, não creio que o entendimento dos atos de bullying como crimes seja uma medida adequada para a redução do comportamento agressivo nas escolas. O objetivo maior é o de atuar preventivamente, sempre com o foco na mudança de comportamento e na promoção da amizade, solidariedade e respeito às diferenças. Os casos de bullying, em geral, podem e devem ser sanados dentro da própria escola.

Qualquer pessoa tem o direito de apresentar queixa policial sobre um caso de bullying quando este ocorrer, independente de suas motivações ou consequências. Algumas condições podem motivar professores, pais ou funcionários da escola a decidir pela participação policial, como: se um ato de bullying trouxer graves consequências para o alvo; se outras estratégias falharam ou foram consideradas inapropriadas para a gravidade do caso; ou se a queixa policial for capaz de diminuir a recorrência do bullying e resultar em uma forma de ajuda para a recuperação da vítima.

A polícia pode investigar casos de maior gravidade, envolvendo bullying físico, ameaças, discriminação, homofobia etc. Se os incidentes envolverem crianças e adolescentes, estes serão encaminhados aos Conselhos Tutelares, que decidirão pela convocação ou não de uma audiência para discussão do caso e para garantir o bem-estar do alvo.

Há situações em que o bullying envolve incidentes dentro e fora da escola. Nessas circunstâncias, é vital que pais e professores contem com a colaboração da polícia, Conselhos Tutelares, serviços de assistência social, órgãos judiciais e organizações sociais para jovens.

Os pais podem decidir pela abertura de processos judiciais contra pessoas e escolas com o apoio de um advogado. Entre as vantagens dessa medida, pode ser destacada a expectativa de que os problemas serão tratados com mais seriedade e haverá o sentimento de mais segurança para o enfrentamento das autoridades escolares.

Uma decisão judicial em favor da vítima, esclarece sobre a responsabilidade da escola em garantir a integridade física e moral de seus educandos, quando atos de bullying ocorrerem em suas dependências. Isso reduz a probabilidade de novas ocorrências no futuro.

As ações judiciais, por outro lado, são em geral muito desgastantes e podem abalar ainda mais as pessoas emocionalmente frágeis, que se expõem em longos depoimentos e que ficam presas a isso, sem condições de fuga, uma vez que, apesar de tudo, a decisão final é incerta. As despesas podem ser significativas, especialmente se o reclamante não obtiver apoio da Defensoria Pública.

Entender o bullying como atitude inerente a uma determinada faixa etária ou como uma brincadeira de mau gosto, e não haver clareza sobre os limites tolerados, são fatos que banalizam o comportamento agressivo e condenam seus alvos e autores a um processo de crescimento e socialização que os direciona a um caminho perverso, em que um é subjugado pelos maus-tratos recebidos do outro, e este, por sua vez, se sente impropriamente fortalecido pela capacidade de gerar medo, intimidação e humilhação a seus pares.

A forma como os adultos reagem ao bullying contribui para a formação do clima da escola e pode ajudar a torná-la mais ou menos suscetível à ocorrência de comportamentos agressivos no futuro. Ignorar o problema induz ao seu crescimento. Uma abordagem pesada, ao invés de reduzi-lo, incentiva a adoção do silêncio e permite a continuidade do bullying às ocultas. No entanto, uma resposta positiva, com base em regras decididas coletivamente, inclusive os critérios de aplicação de sanções, contribui decisivamente para que os jovens falem sobre o bullying sofrido ou testemunhado e para que o ambiente escolar melhore por meio da promoção de comportamentos amigáveis e solidários.

As instituições que desenvolveram programas que estimularam a participação dos estudantes, obtiveram resultados mais positivos quando comparadas com as que optaram por projetos conservadores, que preservam a estrutura hierárquica e não possibilitam o diálogo e a troca de percepções entre os diferentes segmentos da comunidade escolar.

Existem três grupos de estratégias: as voltadas à escola, as utilizadas nas salas de aula e as medidas individuais direcionadas aos estudantes alvos e autores.

As ações adotadas pelas escolas são inúmeras, todas com prós e contras, e merecem ser consideradas quando da organização do plano de trabalho das escolas.

- Punições — a suspensão ou a expulsão de estudantes autores de bullying podem ser vistas como atitudes graves e inadequadas à uma criança ou adolescente que, supostamente, necessite ser tão apoiado quanto o colega que sofre suas agressões. Mas podem ser medidas que fortaleçam a sensação de segurança para as testemunhas e alvos. Por outro lado, é necessário que se entenda que alguns tipos de bullying são atos criminosos reais e que as escolas podem ser responsabilizadas por omissão, ou mesmo conivência, se não assumirem posturas incisivas em tempo hábil. Felizmente, a grande maioria dos casos não necessita desse tipo de recurso.
- Disciplina assertiva — trata-se de uma estratégia baseada em prêmios e punições, aplicada por todos os professores de acordo com sistema disciplinar rígido. Alega-se que esse método ajuda a motivar a aprendizagem e reduz o nível de indisciplina em sala de aula, mas a sua eficácia em lidar com o bullying não é clara.
- Caixas de comentários — é um método simples, em que as crianças e adolescentes colocam as suas preocupações, denún-

cias, queixas ou críticas em caixas como as de correio ou em urnas, distribuídas pela escola. Alguns obstáculos devem ser transpostos para garantir o sucesso dessa estratégia: os autores vigiam as caixas para observar se seus alvos tentam denunciar as agressões sofridas; existe uma grande dificuldade para distinguir as mensagens verdadeiras das mal intencionadas, assim como nem sempre ocorre a credibilidade sobre o que é feito com essas mensagens, muitas vezes aumentando a sensação de impunidade.

• Conselho antibullying — é uma estratégia controversa, por se basear no princípio de que crianças e adolescentes sejam julgados e punidos por seus próprios companheiros. O que é fundamental nesse processo é a obrigatoriedade de os adultos atuarem como orientadores, garantindo o bem-estar de todos os envolvidos, inclusive dos conselheiros, para que não lhes outorguem um poder impróprio.

• Aconselhamento — quando um professor ou adulto com habilidades e tempo é designado para prestar apoio aos envolvidos em atos de bullying, sejam eles alvos ou autores. Os principais problemas são a disponibilidade de tempo, a busca voluntária dos envolvidos pelo serviço e a falta de conselheiros habilitados nas escolas.

• Aconselhamento pelos colegas — com um bom treinamento e o suporte contínuo dos professores, um grupo de estudantes mais velhos pode ajudar as vítimas de bullying.

• Mediação — trata-se de um processo de negociação entre as duas partes envolvidas (alvo e autor), mediadas por uma terceira pessoa, que pode ser um adulto ou outro estudante. Isso parece ser muito útil em várias situações, especialmente se não houver uma grande assimetria de poder entre os protagonistas. A recusa em participar pode ser um complicador. Para o autor pode não ser interessante cessar o bullying, enquanto para o alvo pode haver algum grau de insatisfação com a exposição de seu sofrimento, pelo temor de se ver obrigado a ficar frente a frente com seu agressor, pelo receio de possíveis retaliações ou por acreditar que não deva haver acordo se seu agressor é o único errado.

- Abordagem sem culpados — é uma forma de intervenção precoce sem a preocupação de encontrar culpados, quando as dificuldades enfrentadas pelos alvos de bullying são colocadas diante de um grupo de estudantes e pergunta-se sobre as possíveis soluções. Esse tipo de ação incentiva os autores a refletir sobre suas responsabilidades nas agressões e é muito interessante quando se lida com o bullying praticado pelo grupo ou a turma toda.
- Sistema de registros — métodos adequados de registro de ocorrência, principalmente dos casos mais graves, permitem o monitoramento dos comportamentos antissociais e garantem que os incidentes não serão negligenciados.
- Espaços de segurança — a criação de áreas ou salas destinadas à permanência dos estudantes que se sintam inseguros ou sob ameaça no pátio, nos corredores e nos portões das escolas. Embora possam garantir segurança por um tempo curto, os que utilizam esse espaço podem ser alvos de novas hostilidades ou discriminações.
- Telefones de ajuda (Helpline) — são serviços extraescolares prestados por outras instituições, que possibilitam um suporte valioso para as crianças e adolescentes, que não sabem ou temem falar a respeito do bullying sofrido. A existência dessa alternativa significa que a escola não esteja obtendo êxito em seu trabalho interno.

Uma ação, a meu ver fundamental, que promove a participação ativa dos estudantes e demonstra ser altamente eficaz para facilitar a percepção do bullying e promover a adesão às atitudes antibullying, são as reuniões periódicas, geralmente identificadas como Roda de Conversação, ou simplesmente Roda.

A técnica de organização das Rodas de Conversação nas escolas foi desenvolvida com base no conceito dos círculos de qualidade, utilizados nas indústrias por muitos anos, com a finalidade de aproximar gerentes e trabalhadores.

Se criada como parte integrante do planejamento político-pedagógico da escola, para ser aplicada em todos os níveis (professores, funcionários, estudantes e pais), seus benefícios são inequívocos e visam à formação de um ambiente positivo, mais favorável à abordagem de problemas como o bullying, de forma transparente e democrática.

A sua aplicabilidade em salas de aula independe da idade das crianças e dos adolescentes participantes, desde que sejam utilizados recursos e técnicas adequados às faixas etárias e ao grau de desenvolvimento do público-alvo.

O número de participantes deve girar entre 6 e 18, no máximo. Mais do que isso pode prejudicar a participação plena de todos. Basta organizar cadeiras ou almofadas em círculo, de forma que todos sejam vistos e possam participar de maneira equitativa, sem mesas agindo como barreiras ou simbolizando poder.

Alguns preferem utilizar um "objeto da palavra" (bastão, bola, régua, lápis etc.). Esse instrumento passa por todos os participantes e só quem o tem em mãos pode falar.

O professor integra a Roda como todos os outros, sentando-se no mesmo tipo de cadeira ou almofada, atuando como um facilitador e não como autoridade maior. A ele cabe a responsabilidade de assegurar que todos respeitem as regras acordadas e as atitudes dos indivíduos, e que as atividades sejam agradáveis e adequadas ao grupo participante.

O professor também deve estar pronto para conduzir a sessão para um encerramento antecipado se os estudantes quebrarem as regras repetidamente. Isso é observado principalmente com as rodas de adolescentes, e é importante que o fracasso de uma sessão não seja motivo para o abandono da metodologia. Para alguns deles, esse tipo de atividade em que são encorajados a assumir a responsabilidade por suas próprias palavras e ações é novo, e há que se dar tempo para se acostumarem.

O maior fator determinante para a elaboração das regras que regem a Roda de Conversação é a participação de todos os membros nas fases de discussão e aprovação. Essa deve ser uma das primeiras atividades do grupo, partindo-se de três regras básicas:

- Apenas um participante fala por vez — o "objeto da palavra" é bastante útil.
- Os que não querem falar podem "passar" a vez.
- Não haverá manifestações de humilhação ou deboche.

A primeira visa estabelecer a ordem e encorajar os estudantes a ouvir os colegas. As outras duas ajudam a preservar as reações emocionais dos integrantes da roda, respeitando o direito de não falar ou de falar o que acreditam.

Há um risco da atividade adquirir caráter negativo, recheado de críticas e lamentos ou reclamações. Cabe ao professor, na figura de facilitador, reverter essa tendência com comentários positivos, adjetivando as falas com comentários do tipo "muito interessante", "obrigado, foi muito útil", ou cobrar soluções para o problema apresentado.

A utilização de jogos ou dinâmicas é uma forma interessante de iniciar as atividades; além de ajudar a relaxar o grupo, pode ser motivação para a discussão do tema central da reunião. Essas atividades lúdicas devem ser sempre em grupo ou em pares, para que promovam a cooperação, a confiança e as habilidades de diálogo e questionamentos. Veja a seguir, alguns exemplos:

- No jogo "Magneto", forma-se um par e um dos integrantes ergue a sua mão aberta a 30 centímetros do rosto de seu parceiro e a movimenta lentamente para qualquer direção. Cabe ao parceiro acompanhar os movimentos, mantendo o rosto sempre na

frente da mão, como se fosse atraído por um imã, preservando a mesma distância inicial. Após alguns minutos, as posições se invertem. O silêncio é fundamental, e a sua quebra implica na desclassificação da dupla.
• A "Ola", como se faz em estádios de futebol, quando uns abaixam e outros levantam em movimento sincronizado, assemelhando-se a uma onda. É uma atividade que exige a participação de todos e seu sucesso depende da cooperação e da capacidade em observar seus parceiros.
• Jogos de adivinhação favorecem a atenção e a habilidade de questionamento.

O professor pode lembrar sobre as regras acordadas e iniciar as discussões com temas simples, do tipo "o que gosto de fazer" ou "o que é ser amigo". À medida que as reuniões evoluem e o grupo se mostra mais envolvido, a pauta da Roda pode ser definida pelo grupo, baseada em problemas reais. Cabe aos facilitadores preservar a segurança e o respeito aos mais frágeis, preservando-os de críticas e humilhações. Em todos esses eventos, deve ser garantida ao menos uma sugestão positiva, antes de seu encerramento.

A Roda é uma ferramenta muito interessante no processo de prevenção e redução do bullying, tanto entre os estudantes como quando realizada em reuniões entre professores, funcionários e pais ou responsáveis. Ela auxilia no desenvolvimento de habilidades como ouvir, respeitar a vez do outro, ter empatia e melhorar a autoestima.

A criação coletiva de um contrato de convivência ou código de condutas, como alguns preferem denominar, é outra estratégia muito favorável à participação das crianças e adolescentes. Seus itens podem incluir ações gerais, aplicáveis pela escola toda, e tópicos próprios de cada uma das turmas. As maneiras encontradas para a formalização dessas regras variam, mas podem ser elaborados documentos individuais, em que cada estudante assina a sua carta de compromisso, cartazes ou faixas para serem afixados nos murais das salas de aula etc.

As ações de uso universal são critérios não específicos que servem para ditar normas a todos os integrantes da comunidade escolar. Por exemplo: mensagens do tipo "Em nossa escola não toleramos o bullying!"; atividades relacionadas à prevenção do bullying e à promoção da amizade, à não violência, ao amor etc.; inserção de ações antibullying em todos os eventos festivos (festas juninas, dia dos pais, dia das mães).

Nas turmas, podem ser adotadas as seguintes atitudes: a construção do entendimento do que é bullying e quais são os seus malefícios; o estabelecimento de condutas diante dos casos de bullying (ação em favor do alvo, chamada de atenção ou intervenção precoce por parte do professor) e tipos de penalidades admitidas aos autores de bullying, incentivam o comprometimento dos estudantes nas ações antibullying.

Esses movimentos geram transformações contextuais e individuais, que alteram significativamente o clima da escola. Os estudantes percebem que as decisões tomadas pelo grupo lhes dão mais autonomia para agir em defesa dos alvos. Por outro lado, há o fato de que ao violarem as condições estabelecidas coletivamente, os autores passam a ser os "diferentes", caracterizando-os da mesma forma como fazem com seus alvos. Se a turma não apoia o comportamento agressivo, o bullying perde o sentido.

Com relação ao cyberbullying, algumas questões devem ser colocadas em discussão e aprovadas junto com os jovens. Use frases para auxiliar na discussão, mas tente finalizar com um número reduzido de pequenas regras (em torno de cinco), que sejam pertinentes à idade dos participantes.

Se você perceber que está sofrendo bullying por e-mail, texto ou on-line, fale com alguém em quem confie.

- Nunca envie mensagens de bullying ou ameaças.
- Formas graves de cyberbullying devem ser comunicadas à policia, por exemplo, ameaças físicas ou sexuais.
- Salve e guarde qualquer bullying por e-mail, mensagens de texto ou imagem.

- Anote data e hora das mensagens ou imagens e qualquer detalhe a respeito do remetente do cyberbullying.
- Tente acessar as salas de conversação com outra identidade, que seu agressor não conheça.
- Troque o número de seu celular e só o informe a seus verdadeiros amigos.
- Use programas de bloqueio capazes de impedir o recebimento de mensagens por celular de certos números, ou filtros para impedir os e-mails de determinados endereços.
- Não responda aos agressores, pois a situação pode piorar. Isso também permite que os autores saibam que suas mensagens atingiram seus objetivos. Eles podem se cansar rapidamente, se forem ignorados.
- Nunca informe seus dados pessoais, endereço, telefone ou onde estuda, principalmente se você estiver em uma sala de conversação ou em redes sociais. Todas essas informações podem ser úteis a alguém que pretenda prejudicá-lo.
- Não retransmita textos, e-mails ou imagens abusivas para ninguém. Você pode estar infringindo a lei apenas por repassá-los. Se forem contra você, guarde-os como prova. Se tentarem agredir outra pessoa, apague-os e não faça comentários a respeito.
- Nunca informe suas senhas por celular ou e-mail.
- Lembre-se que enviar mensagens abusivas ou ameaçadoras é contra a lei.

> *Alguns membros da comunidade escolar, que esperavam do projeto fórmulas mágicas para resolvermos esses problemas, ficaram decepcionados ao perceber que nós é que precisávamos mudar, nós é que precisávamos planejar ações para a compreensão do problema, na tentativa de sua superação.*
>
> Depoimento de uma professora participante do Programa de Redução do Comportamento Agressivo entre Estudantes

O bullying é um fenômeno complexo, de difícil solução, que exige o envolvimento e compromisso de todos os componentes da comunidade escolar. O passo inicial para um trabalho efetivo é a disponibilidade de toda a comunidade escolar (professores, funcionários, pais e estudantes) em falar sobre o problema e admitir a sua existência, numa perspectiva de franqueza e seriedade.

Cada escola deve desenvolver suas próprias estratégias de combate ao bullying, observando suas prioridades, suas características e, principalmente, as influências culturais, sociais e econômicas exercidas pelas comunidades atendidas.

O caminho da conscientização ainda é longo, o da transformação é interminável e não permite descansos. Mas os frutos surgem cedo, poucos no princípio, mas sempre tendendo a melhores colheitas.

A garantia de um ambiente amigável, solidário e receptivo faz da escola um ambiente prazeroso para todos e motivo de orgulho para a sociedade.

Em nossa experiência, não restou qualquer dúvida sobre a capacidade das escolas em buscar um ambiente saudável, capaz de influenciar positivamente a qualidade de convivência dos estudantes e a formação de valores morais e sociais dessas crianças e adolescentes. O sucesso pode ser alcançado por toda e qualquer escola, independente das condições sociais, econômicas e culturais das populações que assistem.

CONSEQUÊNCIAS DO BULLYING SOBRE AS ESCOLAS

Coordenando o Programa de Redução do Comportamento Agressivo entre Estudantes, tive a oportunidade de conhecer e conviver com diversos educadores, em suas escolas. Confesso a minha admiração pelo trabalho desses profissionais, particularmente, com relação aos que atuam em instituições públicas.

Vi pessoas que enfrentavam diariamente as maiores dificuldades, como a inadequação dos espaços de trabalho, os salários injustos, a falta de estímulo dos superiores, a responsabilização por tudo de ruim que ocorria, o sentimento de insegurança e os constantes conflitos com seus educandos. Mas, mesmo assim, era louvável a perseverança de muitos que, apesar das adversidades, apelavam para a criatividade e não se desgarravam da certeza de que eram capazes de realizar algo positivo.

Alguns professores e funcionários administrativos conseguiam criar forte vínculo e relação de confiança com os estudantes, e passavam a ser referência para a busca de orientação, proteção e afeto.

> *Três ou quatro professores comentavam sobre um estudante que todos qualificavam como "perdido", "marginal" e "pivete". Nisso surgiu uma professora de educação física e, discordando dos colegas, disse-lhes que se não quisessem o adolescente em suas aulas, que o deixassem com ela, que o adorava.*
>
> *Na verdade, contava ela, diante do comportamento agressivo que apresentava, ela o escalou como juiz dos jogos coletivos. Deu-lhe o apito e se retirou da quadra. Imediatamente, o menino fez com que o grupo cumprisse as regras, reprimiu as agressões e hostilidades e estabeleceu punições gradativas para os comportamentos inadequados.*
>
> *Pronto! Foi o que ele precisava para sentir-se ouvido, respeitado e bem consigo mesmo, sem precisar utilizar atitudes agressivas, provocativas e atemorizantes.*

Depoimento do autor sobre um acontecimento real.

Conheci também profissionais que haviam perdido toda a esperança com relação ao seu trabalho. Não sentiam mais prazer em estar ali, entendiam a escola como um ambiente hostil e viam seus pupilos como inimigos. Havia também crianças e adolescentes que rejeitavam o modelo escolar e demonstravam uma clara tendência para o confronto com seus educadores.

Quando realizo palestras a educadores e profissionais das entidades educacionais, particularmente os vinculados ao setor público, surgem sempre reações de resistência às propostas de promover a redução da violência contra os educandos nas escolas. A pergunta básica é: "Vocês só pensam no bem-estar dos estudantes, mas quem vai olhar pelos professores?".

Trata-se de manifestações justas, que apontam para outra questão de cunho contextual. Se entendermos a escola como um espaço de convivência, formado, basicamente, por profissionais da instituição e usuários dos serviços oferecidos (estudantes e pais) e sabendo-se que os dois segmentos exibem insatisfações, desesperanças e, não raro, situações de confronto, só podemos concluir que algo esteja errado no cenário escolar.

- É essa a escola que queremos para educar as nossas crianças e adolescentes?
- Basta que os governos criem leis que obriguem os pais a matricular seus filhos nas escolas, se esses mesmos governos não se empenham em tornar essas instituições atraentes para seus servidores e usuários?

O ambiente escolar, por si só, pode desenvolver o comportamento agressivo e a violência, mesmo que os fatores de risco sejam controlados. No entanto, sua ocorrência é mais frequente em escolas que possuem equipes de nível intelectual mais baixo, alta rotatividade de professores, padrões de comportamento não estabelecidos, métodos inconsistentes de disciplina, sistema de organização deficiente, supervisão inadequada dos estudantes e falta de consciência das crianças como indivíduos.

Sabemos também que quando a escola é tolerante ou omissa em relação ao bullying ou suas intervenções para preveni-lo não se mostram efetivas, o ambiente escolar torna-se totalmente contaminado, aumentando a probabilidade de conflitos entre todos da comunidade e fazendo crescer a chance da ocorrência de atos graves de violência.

O bullying é um fenômeno dominante tanto em escolas públicas quanto nas particulares e guarda uma relação inversa com o grau de organização existente em cada instituição. No entanto, é fundamental o entendimento de que o bullying, por si só, já é um problema grave, que merece mais atenção de todos nós.

Vamos deixar bem claro que, em nossa pesquisa, os casos de bullying foram identificados tanto em instituições públicas como nas particulares, sem grandes diferenças quanto à frequência. A mudança estava nos valores considerados pelos estudantes.

Nas escolas públicas, víamos críticas aos uniformes puídos, aos tênis furados, às mochilas rasgadas; atos de discriminação do branco sobre o pardo e o negro, e do pardo sobre o negro; além das críticas às diferenças físicas sobre os padrões aceitos. Já nas escolas particulares, também prevalecem os atos de discriminação e as críticas sobre as diferenças; no entanto, os valores estão centrados nas grifes das vestimentas e materiais, nas marcas e modelos dos carros que trazem os estudantes, nos locais de moradia etc.

É consenso mundial que não há escola sem bullying, e mesmo que todos os recursos sejam aplicados e que todos se empenhem em combatê-lo, o comportamento agressivo e prepotente não será "zerado" jamais. Portanto, se alguém afirmar que em determinada escola não há casos de bullying, esse indivíduo não conhece o que é bullying ou quer negar a sua existência.

> *Estou cursando o Ensino Médio no período da manhã, em uma escola da zona norte. Hoje meu pai foi me buscar com o carro dele, um Gurgel. Assim que fui em direção ao carro e abri a porta, vi e ouvi olhares de desprezo, risos e gritos escandalosos vindo de pessoas que nem me conheciam, que foram dirigidos a mim. Me senti muito ofendida e magoada pelo comportamento de meus colegas.*
>
> Depoimento de uma adolescente vítima de bullying.

Embora os profissionais das escolas tenham a obrigação legal e profissional de prevenir e interferir no bullying escolar o mais precocemente possível, é evidente que combatê-lo exige que esforços especiais sejam feitos e, por outro lado, impõe que professores e corpo administrativo adquiram certas habilidades específicas, necessárias para lidar com o problema.

É imprescindível que haja sensibilidade para reconhecer os atos dos agressores, o que pode não ser tarefa fácil, particularmente nos casos de bullying relacional ou quando praticado de forma implícita ou indireta. Para obter sucesso na identificação desses casos, o pessoal da escola deve ficar atento sobre o processo de organização dos grupos de estudantes e tentar identificar os que são deixados de lado ou impedidos de participar, e os outros que exercem ascensão sobre os demais. O silêncio dos escolares diante dos atos de bullying torna a identificação ainda mais difícil.

> *Nós sempre procuramos nos posicionar diante de casos de bullying, embora não conhecêssemos essa palavra. A diferença é que, antes, nós só agíamos quando a agressão era muito violenta e, agora, nós nos preocupamos com o que pode vir a acontecer e preservamos as crianças de um sofrimento maior.*
>
> Depoimento de uma diretora de escola

Quando iniciei os contatos com as escolas, percebi que em todas elas havia uma ação organizada para intervenção nos casos de agressão entre seus estudantes. No entanto, ficou evidente que o nível de tolerância à violência era muito elevado e que todas agiam de forma reativa, só desencadeada mediante a constatação de agressões físicas, que causassem ferimentos, ou decorrentes de brigas explícitas.

Estudos científicos sugerem que as escolas subestimam a severidade e as consequências do bullying verbal ou relacional e, portanto, tendem a interferir muito menos nesse tipo de incidente do que nos casos de bullying físico. Cabe aos adultos serem capazes de entender os sentimentos e as experiências subjetivas das vítimas e assumir o compromisso pessoal de ajudá-los a superar as dificuldades e de evitar o bullying, seja de que tipo for.

Outro grande desafio das escolas é a forma como os professores e funcionários intervêm efetivamente sobre os atos de bullying. Além das dificuldades para a identificação, o pessoal pode falhar no uso de recursos apropriados para resolver os conflitos à medida que surgem.

A violência escolar é um fato real que depende de iniciativas voltadas à prevenção e de mudanças nas relações entre professores, estudantes e comunidades. A falta de políticas educacionais e de critérios para a real avaliação dos perigos nas escolas, faz com que surjam reações excessivas para conflitos insignificantes e, ao mesmo tempo, medo, passividade ou negligência diante de graves ameaças.

O entendimento do professor sobre a efetividade das medidas por ele tomadas não corresponde, necessariamente, às expectativas dos alvos e testemunhas quanto à resolução do problema e muito menos à percepção dos autores de que tenham sido advertidos pela inadequação de seus atos.

Em nosso projeto, cerca de 2/3 dos estudantes alvos admitiram que seu pedido de ajuda não promoveu a redução nem cessou o bullying, enquanto que 45,5% dos autores afirmaram que não sofreram qualquer tipo de advertência.

O bullying exerce impacto sobre a experiência escolar de crianças e adolescentes em vários níveis: cria problemas com a adaptação e o vínculo com a escola, prejudica a capacidade e o interesse de aprender e de cumprir as tarefas, compromete o processo de socialização, gera sentimento de medo, aumenta o absenteísmo e pode favorecer a evasão escolar.

Todas as crianças, sem exceção, são afetadas negativamente, passando a experimentar sentimentos de ansiedade e medo. Alguns estudantes, que testemunham as situações de bullying, quando percebem que o comportamento agressivo não traz nenhuma consequência a quem o pratica, podem achar por bem adotá-lo.

Entre os meios possíveis pelos quais as escolas podem intervir em situações de bullying, a comunicação ocupa lugar de destaque. Para se comunicar positivamente com os estudantes, seus pais e colegas, de maneira discreta e efetiva, em diversos tipos de situação, os profissionais devem estar motivados, dispostos e serem capazes de se comunicar de forma apropriada e suficiente. A autoconfiança e autodeterminação de suas falas são essenciais para transmitir às outras pessoas uma imagem de bondade, honestidade, confiabilidade e motivação.

Se essas condições não forem plenamente satisfeitas, haverá sempre a probabilidade de insucesso na interação da escola com os demais envolvidos, mesmo que o interlocutor seja um bom identificador de atos de bullying e altamente comprometido com as ações preventivas.

Os professores que ocupam posições-chave na escola devem estar sempre disponíveis para intervir em casos de bullying e discuti-los com as crianças e adolescentes envolvidos, com os profissionais, assim como com os pais.

Pesquisas e estudos comparativos sugerem que o bullying varia de lugar para lugar e que sofre influências culturais, dos próprios ambientes escolares e de fatores socioeconômicos. Para definir as características de cada colégio, ninguém melhor do que as pessoas que nele trabalham: diretores, coordenadores, professores e funcionários. Eles conhecem tanto as condições do espaço como seus estudantes e sabem que tipos de atividades são mais adequados àquelas realidades.

A adoção e instalação de programas preventivos criados na própria escola são mais bem entendidas como modelos multifacetados, refletindo uma complexa interação entre as características próprias do programa, a disseminação do processo, os indivíduos de dentro da instituição e os sistemas educacionais e comunitários em que a escola esteja inserida. Mas a efetiva adesão da escola ao programa é influenciada pela percepção da gravidade e da importância do problema, pela compatibilidade deste com as necessidades, crenças e valores da comunidade escolar, seu grau de complexidade, pela extensão que ele pode ser conduzido e pelo grau de impacto que se pode atingir com ele.

Os educadores exercem considerável influência na adoção de programas antibullying, pois são eles que efetivamente os executam. As reais limitações de tempo e recursos acabam impondo aos professores a obrigatoriedade de optar pelas responsabilidades educacionais ou pelas demandas do programa.

Algumas linhas de pensamento criam divergências e interferem com a seleção, organização e instalação de estratégias antibullying. A metodologia ainda considerada como a mais efetiva, sugere que a escolha, implantação e adequação do programa seja uma atribuição de cada escola. No entanto, identificam-se mais duas tendências com peso bastante relevante: uma, que defende que o corpo central da educação (secretarias estaduais e municipais ou seções regionais) crie um protocolo padrão adotado por todos os colégios universalmente, e outra, que questiona a utilidade dessas ações, em razão das altas despesas decorrentes da execução de um projeto dessa dimensão, da perda de tempo com treinamentos específicos e da crença que a prevenção é responsabilidade dos pais e não dos professores.

Em geral, os educadores preferem basear suas escolhas mais nos depoimentos de seus colegas do que em estudos científicos. Para garantir a adoção de programas efetivos, a escolha viável para uma determinada escola poderia ser restrita a uma relação de abordagem preventiva de bullying baseada em evidências, acrescidas com testemunhos dos professores que atuaram nesses programas e com o depoimento de estudantes sobre os resultados favoráveis.

A mescla de avaliações científicas, depoimentos sobre os atributos dos programas e decisões tomadas na própria escola satisfaz os que defendem a organização local e as preferências dos que acreditam nas decisões centralizadas e pode ser uma forma bem-sucedida para a sensibilização e mobilização de toda a comunidade escolar.

A oportunidade de participar nas tomadas de decisão em âmbito local aumenta o grau de satisfação dos participantes e os encoraja a implementar inovações organizacionais, contribuindo para a produção de programas mais consistentes, com a preferência dos educadores da própria escola.

Não se pode esquecer de que a participação efetiva dos estudantes deve ser incentivada, permitindo o acesso à informação, à definição de estratégias e às medidas de controle e avaliação das ações antibullying que forem implementadas.

As medidas adotadas pela escola para o controle do bullying, se bem aplicadas e contando com o envolvimento de toda a comunidade escolar, contribuirão positivamente para a formação de uma cultura de não violência na sociedade.

O bullying não pode mais ser ignorado ou continuar como um problema menor dentro das escolas. Educadores, pais, políticos e toda a sociedade devem entender que tolerar o bullying significa perder o direito a questionar a violência em seu sentido amplo.

O BULLYING E AS FAMÍLIAS

No desenvolvimento do Programa de Redução do Comportamento Agressivo ente Estudantes, o segmento de acesso mais difícil foi o das famílias dos estudantes. Segundo os professores, reuni-las nas escolas é uma tarefa árdua e ingrata, pois além de os professores planejarem os encontros e prepararem materiais e informes a serem distribuídos, no dia marcado a presença é muito aquém da esperada.

Para darmos ciência aos pais e responsáveis sobre as propostas de trabalho, vários recursos foram utilizados, desde o incentivo para que as crianças e adolescentes conversassem com seus pais a respeito do bullying, até a produção de panfletos. Nas datas comemorativas mais tradicionais, como festas juninas e dia das mães, quando a presença dos responsáveis é maior, reunimos pequenos grupos de pais e apresentamos o trabalho em não mais do que 20 minutos.

Existe um distanciamento das famílias com as escolas, motivado pelo entendimento de que a relação das crianças e adolescentes com seus colégios seja restrito ao ensino e ao aprendizado. Portanto, os meios pelos quais os pais avaliam o desempenho escolar de seus filhos são a verificação das notas nos boletins, a frequência e os cadernos de anotações. Raramente existe a preocupação sobre o que sentem ao estar na escola, as amizades, o ambiente, o comportamento de seu filho e dos colegas etc.

Quando surge o sentimento de que seja necessário discutir sobre a ocorrência de bullying nas escolas, o envolvimento familiar é fundamental, tanto para a elaboração e execução das ações antibullying, como para a formalização do papel de orientador e do apoio para seus filhos. Esse movimento de aproximação deve ter mão dupla, contando também com a iniciativa da própria escola.

Sabendo-se que os estudantes envolvidos em bullying provêm de famílias com algum grau de deficiência ou dificuldade, uma das formas possíveis de interrompê-lo é a de intervir na família. A ajuda aos pais, para que adquiram maiores habilidades, faz com que seus filhos aprendam maneiras mais saudáveis de se relacionar com seus colegas.

Na grande maioria das vezes, os pais e professores são os últimos a saber dos casos de bullying. Os alvos tendem a manter-se em silêncio e aparentar calma, isolando-se ou modificando o seu modo de agir, em casa ou na escola. Os adultos, portanto, devem estar cientes de que os estudantes hesitam em envolver os adultos por causa do medo e da vergonha que sentem. Podem temer por possíveis críticas de seus pais ou recear por intervenções que piorem a situação.

> *Diz o filho:*
> — *Pai, o garoto da minha sala me bate todos os dias.*
> *Aconselha o pai:*
> — *E você deixa? Bate nele também!*
> *Evidente que o filho não seguiu as orientações, pois não queria brigar, o agressor era mais forte e nenhum colega tentou ajudá-lo.*
> *No dia seguinte:*
> — *Pai, o garoto me bateu de novo.*
> *Falando alto e demonstrando irritação, o pai responde:*
> — *Porra! Se você me disser de novo que continua apanhando na escola, quem vai te encher de porrada sou eu. Filho meu tem que ser macho!*

A relação entre pais e filhos pode ser abalada pelos comentários críticos, como desse exemplo citado. Essa postura intransigente é suficiente para que a criança ou o adolescente silencie, por entender que não poderá contar com a ajuda de quem ele mais ama.

COMO SABER SE SEU FILHO ESTÁ SENDO VITIMIZADO?

- O mais importante é manter uma relação aberta e franca.
- Demonstrar interesse pela escola, ouvindo histórias ou comentários e sondando sobre as relações de amizade de seus filhos, pode ajudar a identificar situações que envolvam o bullying.
- É essencial estabelecer sempre um relacionamento muito próximo e um bom canal de comunicação entre vocês.
- Saber ouvir seus filhos e a não interrompê-los enquanto falam, faz com que eles se sintam à vontade para expor situações de risco.
- Ficar atento para o surgimento de possíveis sinais de que seu filho possa ser alvo de bullying é um dos primeiros passos para detectar qualquer problema.

Os estudantes devem saber que uma das primeiras coisas a fazer quando surgem problemas de bullying é buscar a ajuda de um adulto em quem confiam e envolvê-lo no processo rapidamente. A melhor defesa é, com certeza, a intervenção precoce.

Se vocês pais perceberem que seu filho esteja sofrendo bullying, considerem a situação com seriedade. As crianças e adolescentes vitimizados entendem o bullying como algo grave, que os incomoda e os faz sofrer; contudo, antes de falarem sobre isso e pedirem ajuda, eles precisam perceber que seus pais sejam receptivos e solidários. Interar-se do processo imediatamente é vital para solucionar a situação de bullying, que pode ficar fora de controle rapidamente. Nunca deixem seus filhos lidarem sozinhos com quem já os agrediu e não os obrigue a tomar atitudes para as quais não estejam preparados ou não se sintam capazes.

Relações amigáveis e francas com seus filhos já é um excelente começo para uma conversa a respeito do assunto. Inicialmente, só escutem, mantenham-se neutros, demonstrem pouca ou nenhuma reação ou espanto sobre o que está sendo relatado. Não se esqueçam de que as crianças ou os adolescentes ficam muito preocupados sobre o que os colegas pensam deles e temem sofrer retaliações. Sejam solidários a eles. Afirmem com veemência que os amam, que vocês sentem orgulho dos filhos que têm, que admiram as pessoas que são, que respeitam seus sentimentos e que estarão sempre ao lado deles. Faça-os lembrarem-se da suas qualidades e de fatos positivos que aconteceram em suas vidas. Deixem claro que entendem a situação pela qual estão passando e assegurem que eles não são culpados por isso.

Esse tipo de abordagem é delicado e traz algum tipo de constrangimento a seus filhos; por essa razão, mostrem-se sensíveis, mas não inseguros. Não deixem de perguntar a seu filhos detalhes do que acontece durante os atos de bullying e de quem está envolvido. A meta é obter informações, o mais detalhadamente possível, a respeito dos agressores, inclusive se houve a presença de outras crianças ou outros adultos e quais foram as reações adotadas por estes quando testemunharam o bullying. Perguntem também o que seus filhos fizeram para tentar prevenir ou interromper a situação. Esses dados são essenciais para avaliar corretamente o quadro de bullying.

Os estudos que avaliaram comportamento de pais e irmãos de estudantes envolvidos em situações de bullying, identificam características comuns em parte deles, mas não em sua totalidade. Portanto, não se trata de critério válido para predizer quais estudantes adotarão ou não comportamentos agressivos na escola.

O importante desses dados é que sejam úteis para que pais e professores explorem a dinâmica das suas próprias famílias ou das famílias de crianças e adolescentes com quem trabalham e avaliem quais intervenções podem beneficiar os alvos e autores de bullying. Essas características familiares relacionadas aos alvos de bullying variam de acordo com o gênero das crianças ou adolescentes.

CARACTERÍSTICAS DAS FAMÍLIAS DOS ALVOS

PAIS DE ALVOS DO SEXO MASCULINO

As mães mimam seus filhos, superprotegem e são muito controladoras. Por outro lado, os pais tendem a ser distantes ou ausentes, e muito críticos. Admite-se que a relação dos alvos com seus pais favoreça a se tornarem muito emotivos e descontentes diante de situações interpessoais difíceis. É esse quadro, associado à baixa capacidade de enfrentamento, que os autores percebem ao escolherem as suas vítimas. Na verdade, os autores de bullying preferem como alvos os que choram ou que não conseguem disfarçar a sua ansiedade quando agredidos.

Essa relação sufocante entre mãe e filho prejudica o seu desenvolvimento emocional, e o afasta das possibilidades de desenvolver as habilidades necessárias para lidar com suas frustrações e conflitos interpessoais. Para piorar, o pai distante ou ausente determina a pouca interação com indivíduos do mesmo sexo e não oferece um modelo que contribua para a sua formação.

PAIS DE ALVOS DO SEXO FEMININO

São famílias geralmente desestruturadas e com uma capacidade muito ruim de comunicação entre seus membros. Há uma demonstração clara de hostilidade e rejeição vinda das mães, muitas vezes explicitadas com manifestações de desamor e ameaças de abandono.

Como as meninas não vivenciaram uma relação mãe/filha saudável, elas não conseguem estabelecer relações fortes e positivas com as outras meninas e acabam se tornando alvos de bullying, em razão das dificuldades em regular suas emoções e seus sentimentos, de expressar empatia e de comunicar-se efetivamente.

IRMÃOS DE ALVOS DE AMBOS OS SEXOS

Embora as pesquisas sejam poucas, o papel desempenhado pelos irmãos é semelhante ao comportamento das mães dos meninos alvos. As relações muito próximas entre os alvos de bullying e seus irmãos podem, a princípio, parecer positivas. Entretanto, esse "estar sempre junto" pode representar um papel de proteção, fruto da percepção de sua fragilidade, poupando-os do enfrentamento de situações conflituosas e de interações interpessoais desagradáveis.

Quando chegar a hora de se inserirem nos contextos sociais, a necessidade de se afiliar será sempre direcionada aos seus irmãos (protetores) e não aos seus companheiros, condenando-os ao isolamento.

CARACTERÍSTICAS DAS FAMÍLIAS DOS AUTORES

As famílias desenvolvem uma relação afetiva muito pobre e centralizam seus interesses na valorização do domínio e poder. Essas crianças e adolescentes provavelmente crescem sem a presença da figura paterna e são testemunhas ou vítimas frequentes de abuso físico e emocional.

> *Em uma reunião com pais de uma escola, discutia-se a agressividade de um menino com alguns de seus colegas de turma e as possíveis soluções que poderiam ser adotadas para impedir que novas agressões ocorressem. De repente, levanta-se no fundo da sala um senhor identificando-se como pai do estudante em questão e, com a voz imponente e corpo rígido, afirma em alto e bom som:*
> *— O meu filho é um líder nato, enquanto os de vocês não passam de um bando de babacas; portanto, não é ele que deve mudar de comportamento.*
>
> Depoimento do autor sobre um acontecimento real.

As disputas de poder e domínio dentro da família são expressos sob a forma de agressões físicas e verbais entre os pais, e entre os filhos. Há também uma boa dose de violência entre os irmãos, particularmente, quando os autores de bullying demonstram em casa o mesmo comportamento agressivo que adotam na escola. A agressividade demonstrada na escola não é só tolerada pela família, mas pode ser o reflexo dos valores e do ambiente familiar.

CARACTERÍSTICAS DAS FAMÍLIAS DOS ALVOS/AUTORES

Nas famílias dos alvos/autores, observa-se mais atitudes agressivas do que manifestações de afeto entre seus membros, mas difere das famílias dos autores típicos, em que o poder e o domínio são privilegiados.

As mães dos alvos/autores são mulheres submissas e, possivelmente, vítimas de violência doméstica. A violência adotada pelos pais pode estar refletida na relação dos alvos/autores com os irmãos, sendo vítima e agressor também. A agressividade e outros maus comportamentos dessas crianças e desses adolescentes em suas famílias, tendem a ficar impunes, em razão da falta de autoridade materna e da sua incapacidade em controlar o comportamento de seus filhos.

DISTÚRBIOS COMPORTAMENTAIS DOS PAIS

Autores, alvos/autores e alvos femininos de bullying — não os alvos masculinos — admitem sofrer maus-tratos psicológicos por um dos pais, ou pelos dois. Autores e alvos/autores também podem ser vítimas de negligência e abuso físico por adultos e podem experimentar um alto nível de agressão e violência dentro das famílias.

Como foi dito, os destaques dados às características familiares dos envolvidos em situações de bullying são muito úteis para vocês pais fazerem autoanálise sobre o comportamento adotado em casa. Caso tenha ocorrido algum tipo de identidade entre o que está descrito e a sua realidade, é muito importante que procurem apoio para modificarem seus hábitos e relações familiares. Todos os pais deveriam se esforçar para evitar superproteger ou negligenciar seus filhos e, ao mesmo tempo, para serem tão afetuosos e amigáveis quanto possível e para controlarem a sua agressividade.

QUANDO SEU FILHO SOFRE BULLYING

Quando os pais descobrem que seus filhos sofrem bullying na escola, existem duas possibilidades de reações imediatas: a indiferença ou a indignação.

A indiferença surge em razão da não valorização do sofrimento de seus filhos e do entendimento de que os conflitos entre estudantes sejam circunstâncias comuns e normais, que contribuem para o amadurecimento deles, não cabendo aos pais intervir.

A indignação pode implicar reações contra os próprios filhos, cobrando-lhes atitudes que não sejam capazes de realizar (enfrentamento ou reações), ou responsabilizando-os pelas agressões recebidas. Mas pode decorrer do sentimento de revolta contra a escola e de ira contra si mesmos.

A percepção de que seus filhos estejam sofrendo muito e que não demonstrem capacidade para reagir ou superar as dificuldades, traz aos pais um forte sentimento de culpa e dor — "Onde foi que eu errei?" ou " Por que isso acontece logo com o meu filho?". A ansiedade e a preocupação em saber como eles estão na escola, transformam-se no maior problema de suas vidas, interferindo em seus trabalhos e em suas vidas particulares. Conflitos entre os pais são gerados, com troca de acusações: "Eu sempre falei que mimar demais não ia dar certo!" e "Você nunca ligou para ele. Só pensa no seu futebol e na cerveja o domingo todo!"

> *Meu irmão de 12 anos sofreu agressões (pauladas na cabeça, chegando a ficar zonzo) há um mês, por colegas de 16 a 17 anos, da mesma escola, fato este que gerou ocorrências policiais, médicas e psicológicas, tanto em meu irmão quanto em meus pais, em mim e em meus outros dois irmãos.*
>
> Depoimento de uma adolescente cujo irmão foi vítima de bullying

Vocês devem perceber qual a melhor hora de conversar com seus filhos, sobre o que os esteja preocupando. O melhor é escolher um momento de calma e neutralidade. Façam perguntas genéricas sobre se há algo que os incomode. Obtenham uma narrativa o mais detalhada possível. Evitem interromper ou tecer julgamentos. Mantenham-se calmos e não demonstrem indignação durante o relato. Sejam pacientes e voltem ao assunto outras vezes.

Sob a pena de serem acusados por seus próprios filhos de omissos, ou responsabilizados por terem tomado posições que, em vez de melhorar a situação, só fez aumentar as agressões, perguntem sempre a eles qual seria a melhor maneira de solucionar o problema. Façam as suas sugestões e busquem agir sempre de comum acordo com eles, salvo se vocês detectarem alguma possibilidade de eles correrem sérios riscos de sofrer danos graves causados pelos autores ou autoinfligidos.

Se vocês suspeitam que seus filhos estejam omitindo alguma informação, procurem a escola e conversem com a direção ou professor, com o intuito de obter ajuda e de construir uma parceria entre a família e a escola.

Vocês podem ajudar seus filhos a lidar com situações de bullying, ensinando-os como evitar serem alvos fáceis.

INDICADORES PARA IDENTIFICAR O ALVO DE BULLYING
- demonstrar falta de vontade para ir à escola
- sentir-se mal perto da hora de sair de casa
- pedir para trocar de escola
- mostrar-se receoso de ir ou voltar da escola
- pedir sempre para que o acompanhem até a escola
- mudar frequentemente o trajeto entre a casa e a escola
- apresentar baixo rendimento escolar
- voltar da escola, repetidamente, com roupas ou livros rasgados
- chegar muitas vezes em casa com machucados inexplicáveis
- tornar-se pessoa fechada, arredia
- parecer angustiado, ansioso, deprimido
- apresentar manifestações de baixa autoestima
- ter pesadelos frequentes, chegando a gritar "socorro" ou "me deixa" durante o sono

- "perder", repetidas vezes, pertences ou dinheiro
- pedir sempre mais dinheiro ou começar a tirar dinheiro da família
- evitar falar sobre o que está acontecendo, ou dar desculpas pouco convincentes para tudo
- tentar ou cometer suicídio

ATITUDES A SEREM TOMADAS COM OS ALVOS DE BULLYING

- Comecem com exercícios de postura (corpo erguido), voz (firme e clara) e contato visual (olho no olho). Pratiquem em frente a um espelho ou filmem as cenas.
- Recomendem que evitem locais isolados, onde não possam ser vistos ou ouvidos.
- Ensine-os a serem vigilantes no reconhecimento de indivíduos suspeitos ou confusões.
- Se o bullying começar, eles devem rebatê-los com humor ou mudando de assunto.
- Eles devem se lembrar sempre de suas qualidades e de que merecem muito mais do que ser alvos de bullying.
- Ensine-os a não se submeter às ordens dos agressores. Muitas vezes o melhor a fazer é fugir.
- Incentive-os a buscar por amizades mais positivas, com grupos não agressivos. Andando em grupo, fica mais difícil sofrer bullying.
- Alguns se beneficiam com aulas de artes marciais, mas é importante que os professores escolhidos falem sobre atitudes alternativas à violência física, e os ensine a se livrar de situações de perigo com o mínimo de contato físico. Crianças e adolescentes que recebam essas lições, raramente usarão suas habilidades de modo agressivo. A disciplina aumenta a autoestima e reduz as chances de se tornarem alvos.

- Se seus filhos não forem capazes de modificar suas atitudes ou se dessas supostas soluções não surtir o efeito desejado, os pais devem procurar a escola e conversar com a direção, orientador(a) pedagógico(a) ou professor(a). O objetivo é de relatar o ocorrido, expor as suas preocupações e tentar a parceria da escola para garantir a segurança da criança ou do adolescente e fazer cessar o bullying. Evite sempre o confronto.
- Acompanhe regularmente todo o processo. Se o bullying for severo e persistente, pais e escola devem tomar atitudes mais incisivas, como impedir a aproximação dos autores ou promover a integração dos alvos a grupos mais receptivos e não agressivos.

Essas orientações podem ser modificadas de acordo com a idade da criança ou do adolescente, e com a intensidade do bullying. Em geral, quanto mais velhos forem os estudantes alvos, mais os pais tendem a atuar como orientadores, e menos como interventores. Da mesma forma agem os professores. No entanto, quando houver ações reais de conotação física ou sexual, a intervenção direta dos adultos é justificável, independente da idade dos alvos.

QUANDO SEU FILHO É AUTOR DE BULLYING

Quando percebem seus filhos como autores de bullying, os pais podem agir com indiferença, ignorando a agressividade, incentivando as atitudes violentas ou intervindo para interrompê-las.

As manifestações de orgulho e satisfação, assim como a indiferença, são entendidas como formas de incentivo para a continuidade do comportamento agressivo, para a efetivação do uso inadequado de uma liderança imprópria, e para a adoção de atitudes antissociais.

É fato que o comportamento agressivo e prepotente dos autores de bullying decorre, geralmente, de hábitos e costumes trazidos do seio familiar e de influências comunitárias e culturais. Mas existe uma série de circunstâncias que geram alterações transitórias ou permanentes sobre o comportamento, derivadas de acontecimentos traumáticos, de origem física ou psíquica, que causaram forte impacto sobre as crianças ou adolescentes. Podem ser citados, como exemplos de síndrome do estresse pós-traumático: a perda de entes queridos, a separação dos pais, o nascimento de irmão, a mudança de endereço, doenças ou lesões debilitantes etc.

> *J. P. é um adolescente negro, estudante de uma escola pública no subúrbio do Rio de Janeiro, tido como um garoto extremamente agressivo, que ataca alguns colegas e gera tumulto em todas as aulas que frequenta.*
>
> *Seu pai morreu assassinado quando tinha 3 anos, sua mãe vivia com um homem que não o aceitava em casa. Desde os 5 anos morava com seu tio, com quem mantinha uma relação afetiva muito forte. Mas há um ano ele foi preso por assalto e porte de arma.*
>
> Relato do autor

Se seu filho adota atitudes violentas na escola, é relevante lembrar que há o entendimento de que atos de bullying guardam relação direta com comportamentos agressivos, atos infracionais, consumo de álcool e drogas, atitudes antissociais ou criminosas. Dados científicos indicam que quanto menor a idade das crianças que demonstram sinais de agressividade, maiores são as probabilidades de apresentarem esses efeitos quando adolescentes ou adultos jovens.

Os padrões de agressão e intimidação podem persistir, e quanto mais tempo durarem, mais difícil será para revertê-los. A tolerância excessiva ou mesmo o incentivo dos pais aos atos de bullying na escola, corroboram para que suas crianças e seus adolescentes persistam com comportamentos agressivos em outros ambientes, inclusive no seio familiar, agindo contra vocês mesmos, que previamente o apoiaram. É esse o momento crucial para agir ou perder totalmente o controle sobre seus filhos.

Ao tomarem conhecimento das atitudes antissociais que eles adotam na escola, procurem descobrir o máximo possível sobre o problema. Alguns pontos importantes devem ser esclarecidos e observados: verifiquem se seus filhos lideram os atos de bullying ou pertencem ao grupo de seguidores. Se eles tiverem o papel de coadjuvantes, conversem com eles sobre o erro em agredir os colegas. Se mesmo assim eles não modificarem o comportamento, vocês devem afastá-los dos líderes ou do grupo todo. Observem seus filhos enquanto brincam. Insistam para que eles brinquem próximo a vocês ou de outros adultos. Se forem adolescentes, vocês devem impor certas limitações nas atividades em que não possam supervisionar.

Sendo seus filhos autores típicos, que comandam os atos de bullying, vocês precisam descobrir a fundo sobre a natureza e extensão de suas atitudes. Protejam seus filhos, garantindo a segurança de quem eles agridem. Se necessário, impeçam que seus filhos se aproximem deles. Cooperem com os professores e os outros pais, monitorando as ações de seus filhos. Convença-os de que vocês são os responsáveis e que desejam participar. Peçam aos professores e pais que os informem pessoalmente se seus filhos participarem de qualquer forma de intimidação.

Conversem com eles sobre alternativas para o comportamento agressivo e prepotente. Faça-os entender quais as consequências negativas advindas do bullying para eles, para as vítimas e para os demais colegas. Convença-os a se desculpar e a pagar pelos objetos roubados ou destruídos. Se eles não tiverem recursos para cobrir as despesas, paguem vocês, mas criem alguma tarefa ou alternativa para que eles sintam que houve um custo real. Finalmente, vocês e seus filhos devem tentar entender porque precisam agir dessa forma. Comecem com uma conversa informal, mas se vocês perceberem que há muita raiva, impulsividade ou depressão na fala deles, vocês podem se sentir incapazes para lidar com isso. Nesse caso, a procura por um profissional pode ser necessária.

A conversa deve ser franca e aberta, sem críticas ou ameaças de punições. Deixem claro que vocês os amam, que sempre lutarão pelo bem deles, mas que não aprovam as suas atitudes e que não serão mais tolerantes caso eles insistam em agir de forma agressiva com seus colegas.

Tentem oferecer oportunidades de desenvolver outras habilidades que os diferenciem e os identifiquem positivamente. Práticas desportivas e artísticas podem ser bastante atraentes.

Muito amor e envolvimento das pessoas com suas crianças pequenas, estabelecimento de limites claros do que é ou não permitido, assim como o uso de métodos não violentos de educação, criam crianças não agressivas, harmoniosas e independentes.

A seguir, apresentamos algumas regras para pais e cuidadores que queiram ajudar as crianças a ter uma infância positiva:

- A criança tem uma grande necessidade de se sentir importante para seus pais. Ela cresce entre amores e desafios.
- Sorriam com seus filhos e não riam deles. A criança pode se sentir magoada se perceber que debocham dela.
- Não cedam às vontades de seus filhos com o objetivo de evitar conflitos. A criança sente-se mais segura se houver regras claras para o seu dia a dia, mas jamais irá se abster de testar seus limites.
- Preservem os acordos feitos com seus filhos. Eles se sentirão inseguros se vocês os quebrarem sem uma boa razão. Se as crianças ou adolescentes não souberem se podem ou não confiar em seus pais, em quem eles irão acreditar?
- Elogiem seus filhos sempre. Encorajamento e palavras de incentivo motivam as crianças e os adolescentes a cooperarem. Um apoio positivo melhora a autoestima deles, aumentando sua autoconfiança no enfrentamento de novos desafios.
- Lembrem-se de que os pais são modelos para seus filhos. Eles têm em vocês muito amor e admiração. Por isso, eles querem ser iguais a vocês. Qualquer coisa que fizerem ou disserem, seus filhos farão ou repetirão.

- Não atemorizem seus filhos desnecessariamente. Algumas vezes é preciso adverti-los para mantê-los afastados de alguma situação de perigo, mas não se deve pôr medo ou ameaçá-los para educá-los. Protejam seus filhos até que sejam capazes de saber quais são os seus limites.

CONSEQUÊNCIAS DO BULLYING SOBRE A SOCIEDADE

Vamos relembrar que os comportamentos violentos na escola podem ter origens exógenas, ou seja, determinados de fora para dentro, sendo menos velados quando as instituições estão em bairros degradados, miseráveis e dominados pela criminalidade. Pode se tratar de causas internas, geradas dentro da própria escola, em que estudantes inadaptados ou insatisfeitos assumem um verdadeiro desafio à ordem e à hierarquia escolares, destruindo patrimônio e materiais, ou impondo um clima de desrespeito permanente; ou, são simplesmente comportamentos violentos na escola, que ocorrem sobretudo quando esta não estabelece regras claras para a construção de valores característicos a este local. A violência pode ser desencadeada em razão de muitas situações de indisciplina que não foram resolvidas e que constituem a origem de um comportamento mais agressivo.

A escola tem que analisar a forma como é exercido o seu controle com o objetivo de se organizar pedagogicamente, para conseguir deter a violência não só interior, mas, também, exterior.

O bullying escolar não deve ser visto como comportamento violento praticado pela iniciativa de alguns poucos estudantes. Trata-se de um problema social, mediado por questões familiares, sociais e da própria escola, que varia de gravidade de acordo com as atitudes individuais e coletivas e do contexto onde ocorre. É um fenômeno complexo, que exige a conjunção de diversas peças para que seja montado um cenário favorável à sua ocorrência: ambiente permissivo e tolerante, em que a convivência entre os pares seja frequente e duradoura, onde coexistam crianças ou adolescentes agressivos e crianças ou adolescentes submissos ou solitários. Por fim, os adultos negando ou negligenciando os atos de bullying.

> *A princesa Aiko, filha única do herdeiro ao Trono do Japão, Naruhito, voltou ao colégio após seis dias sem assistir às aulas por causa do suposto caso de bullying por parte de um grupo de crianças.*
>
> *Aiko, 9 anos, voltou hoje à prestigiosa escola Gakushuin de Tóquio acompanhada de sua mãe, a princesa Masako, que também a esperava no final das aulas da manhã, informou a Agência da Casa Imperial japonesa.*
>
> *A menina tinha se queixado de dor de estômago e ansiedade, o que fez com que não fosse à escola desde segunda-feira da semana passada. [...].*
>
> Publicado em 8/3/2010
> http://noticias.terra.com.br/mundo/ultimasnoticias/0,,EI294,00.html
> (Acesso em 1/2/2011)

O bullying é um fenômeno prevalente no mundo todo, encontrado em todas as escolas, presente em todas as classes sociais, que exerce influências negativas sobre os envolvidos e sobre todos os segmentos da sociedade, indistintamente.

As escolas tolerantes aos atos de bullying tendem a ter estudantes temerosos por sua segurança e descrentes com a falta de sensibilidade e de atitudes solidárias por parte de gestores e professores em relação aos educandos. A preocupação com a sua integridade e a apreensão com as frequentes intimidações desviam a atenção e o interesse sobre o aprendizado.

Muitos processos judiciais foram constituídos, responsabilizando as escolas por terem falhado na proteção de crianças e adolescentes contra o bullying. Há um subgrupo de estudantes que sofrem bullying e temem ir às aulas. Na busca por segurança ou de recursos para o seu empoderamento, muitos passam a portar armas de fogo dentro das escolas, para se sentirem mais protegidos, intimidarem seus agressores ou obterem mais respeito dos colegas.

Todos perdem com a prática do bullying e com a falta de programas voltados à sua prevenção e redução. Sentimentos de descontentamento por estar na escola e queda do rendimento escolar são os sinais mais precocemente percebidos.

A agressividade impune é crescente e pode envolver professores e funcionários e se estender para fora da escola, atingindo as famílias, as ruas e a sociedade.

Esse clima escolar negativo para todos gera custos adicionais, decorrentes dos altos índices de reprovação, do absenteísmo e do aumento de demanda para turmas especiais. Somam-se a estes os prejuízos futuros derivados da evasão escolar e da falta de uma educação de qualidade, que possibilitem o pleno desenvolvimento das crianças e adolescentes, o seu preparo para o exercício da cidadania e a qualificação para o trabalho, como previsto no art. 205 de nossa Constituição.

Comprometimento da saúde com o agravamento de doenças prévias e com o surgimento de novas, pode se manifestar em curto, médio e longo prazo e persistir por toda a vida. Os sistemas de saúde devem estar atentos ao surgimento de queixas relacionadas à saúde física ou mental decorrentes de insatisfações ou conflitos gerados pela convivência de crianças e adolescentes com seus pares.

Algumas situações mais extremas são passíveis de ocorrer, como a fobia escolar, em que o medo, a ansiedade e as manifestações depressivas incapacitem crianças e adolescentes a frequentar a escola.

A adesão ao consumo de álcool e drogas também pode estar presente e, segundo as pesquisas, é mais observável entre os autores de bullying.

Entre os estudantes alvos/autores, é usual a percepção de sintomas como hiperatividade, impulsividade e distúrbios emocionais e comportamentais. Podem apresentar problemas relacionados à depressão, à ansiedade e à insegurança, dificuldades de concentração, autoagressão, pensamentos suicidas e suicídio. Os encaminhamentos deles para tratamento psiquiátrico são mais frequentes do que quando comparados com de outros grupos.

Há estudos que destacam a grande influência exercida pelas redes de informação na construção da personalidade de crianças e adolescentes. Os jovens são os grandes consumidores dos meios informáticos e audiovisuais, sobretudo Internet, jogos eletrônicos, televisão e música.

Alguns estudiosos defendem a ideia de que a violência seja fomentada pelos meios de comunicação de massa, e a televisão, dos que mais difundem a violência e a introduz passivamente em nossa sociedade.

Muitas crianças, sem qualquer preocupação ou supervisão da maioria dos pais, têm acesso a jogos eletrônicos de caráter lúdico duvidoso e a sites que propagam o comportamento agressivo e prepotente. Essa convivência diária e permanente com a mídia em geral e a televisão em particular, aliadas à capacidade de imitação das crianças, formam uma cumplicidade que pode atuar perigosamente na formação dessas diversas formas de violência, estimulando os jovens a adotar atitudes de acordo com o que observam, com total ausência de discernimento do que seja certo ou errado.

Há os que assistem a desenhos animados e filmes nos quais a violência é o único recurso utilizado pelos personagens para atingir seus objetivos, que podem ser até atos nobres, como salvar um amigo em perigo ou o planeta, mas que não questionam a validade da utilização de meios não éticos ou amorais para conseguir seus intentos. Possivelmente, para muitas crianças a violência é algo normal e justificável, quando utilizada para conseguir os seus propósitos.

É fato que não existem argumentos sólidos para negar a influência da mídia, mas é inquestionável que ela, por si só, não pode ser a única responsável pela geração e crescimento da agressividade entre crianças e adolescentes. Nós mesmos admitimos viver em uma sociedade em que toleramos e praticamos infrações, aceitamos atos de corrupção, admitimos injustiças sociais, desigualdades e omissões das autoridades etc.

As evidências demonstram que a prática continuada de bullying nas escolas, aliada à tolerância pelos adultos, seja importante indicativo de adoção de comportamentos antissociais e violentos imediatos e tardios, como porte de armas, consumo de tabaco, álcool e drogas, atos criminosos, violência doméstica etc., gerando demandas para os setores de assistência social, segurança e justiça.

Ao perceber que o bullying é tolerado pelas escolas e que seus autores não sofrem punições e gozam de popularidade, destaque social e poder, muitos estudantes podem aderir a esse tipo de comportamento também, aumentando os índices de agressividade entre os escolares.

Com o advento do cyberbullying, cujas características divergem das do bullying tradicional, há dúvidas quanto à responsabilidade legal sobre os danos causados. Cabe aos pais a responsabilidade de supervisionar seus filhos; todavia, existem dúvidas quanto ao direito das escolas em punir ou censurar as agressões digitais praticadas entre seus estudantes fora da instituição.

Numa sociedade injusta, competitiva, consumista, que valorize os indivíduos pelo que possuem e não pelo que são, o comportamento desses estudantes pode ser considerado como um processo de adaptação às exigências sociais. Esse cenário surge com mais evidência entre os de menor poder aquisitivo, mas está presente em todas as classes.

De fato, estes jovens não têm muitas opções, pois o meio onde se inserem, seja miserável ou abastado, fornece-lhes como forma de sobrevivência a educação, os valores e as atitudes que vigoram em seus núcleos sociais.

Acima de tudo está a sociedade, em seu sentido macro, que rejeita, marginaliza e exclui aqueles que não se adaptem às suas rígidas exigências, mas flexibiliza a aplicação de suas medidas educativas ou punitivas de acordo com o status social de cada um.

A verdade é que a violência continua a existir cada vez mais entre a população jovem. É muito simplório rotular os atores de violência de maus, perdidos ou desestruturados e crer que a única solução seja a sua exclusão, seja prendendo ou matando. Se nada for feito para alterar esse comportamento, antes que esses adolescentes alinhem-se a grupos marginais, será uma luta insana, cara e improdutiva.

Não podemos nos esquecer de que a linha de produção de crianças agressivas e adolescentes violentos inicia-se em nossas casas e continuam nas escolas, e de que a sua produção é muito superior à capacidade de exclusão dos produtos "imperfeitos".

No meio de tudo isso, surge a necessidade imperiosa de uma intervenção conjunta realmente eficaz, fornecendo à população em risco modelos de conduta adequados ao desenvolvimento afetivo, intelectual e moral de todos os implicados. Nós, sociedade, somos responsáveis pelas consequências educativas de nossas ações.

Terá de haver um investimento governamental, não só econômico, mas também relacionado aos recursos humanos, para que os programas de prevenção e redução da violência e exclusão social sejam realmente concretizados e obtenham bons resultados.

Não podemos deixar que as crianças se transformem em futuros inadaptados ou marginais só porque não tiveram referências positivas na infância e porque as escolas foram transformadas em locais de ensino, deixando de lado a sua missão de educar.

Jean-Jacques Rousseau afirmava que os homens não nascem naturalmente maus, a sociedade é que os transforma. Realmente, não se pode admitir que alguém seja violento ou criminoso desde o nascimento. Na realidade, o comportamento assumido é fruto do ambiente a que é exposto. A violência surge em contextos bem conhecidos. Torna-se imperiosa uma intervenção educativa, não só dirigida aos jovens, mas a todos os cidadãos, pois todos somos culpados e deveremos ser chamados a intervir para contribuir para uma sociedade mais justa e igualitária.

BULLYING E SAÚDE

As crianças e adolescentes envolvidos em situações de bullying podem apresentar sintomas físicos e alterações de ordem psicológica ou psíquica, além de distúrbios sociais. Muitas vezes, o primeiro movimento dos pais é o de procurar orientação médica, admitindo se tratar de uma doença curável com a simples administração de medicamentos.

É fundamental que se entenda que qualquer indivíduo, independente da idade, é passível de exercer ou sofrer atos de violência quando registrada uma ruptura com a normalidade. No entanto, entre os que não tenham patologias prévias associadas, depois de superada a adversidade, há um processo natural de adaptação à nova condição ou ao retorno ao estado anterior de serenidade.

Os efeitos do bullying são raramente evidentes, sendo pouco provável que a criança ou o adolescente seja levado ao pediatra com a clara compreensão de que seja autor ou alvo de bullying. No entanto, é possível identificar os pacientes de risco, aconselhar as famílias, rastrear possíveis alterações psiquiátricas e incentivar a implantação de programas antibullying nas escolas.

Sofrer bullying pode ser um fator predisponente importante para a instalação e manutenção de diversos sinais e sintomas clínicos. A identificação de algumas dessas queixas pode ser fator indicativo de maus-tratos perpetrados por colegas, demonstrando a necessária atenção dos profissionais de saúde.

SINAIS E SINTOMAS POSSÍVEIS DE SEREM OBSERVADOS EM ESTUDANTES ALVOS DE BULLYING

enurese noturna	alteração do sono
cefaleia	dor epigástrica
desmaio	vômito
dor em extremidades	paralisia
hiperventilação	queixa visual
síndrome do intestino irritável	anorexia
bulimia	isolamento
tentativa de suicídio ou suicídio	irritabilidade
agressividade	ansiedade
perda de memória	histeria
depressão	pânico
relato de medo	resistência em ir à escola
demonstração de tristeza	insegurança por estar na escola
mau rendimento escolar	ato deliberado de autoagressão

Existem dúvidas se os danos à saúde precedem o bullying ou se são esses atos que afetam a saúde dos alvos. O estresse causado pela vitimização poderia levar ao surgimento de patologias; no entanto, crianças e adolescentes com problemas como depressão ou ansiedade, podem se tornar alvos de bullying. Poucos estudos investigaram essa relação, mas as duas hipóteses contam com forte apoio. A intervenção precoce, tanto em relação aos alvos como aos autores, pode reduzir o risco de danos emocionais tardios.

Não há métodos diagnósticos que indiquem a existência de comportamento agressivo como fator predisponente a alguma alteração comportamental ou psicossomática. Cabe ao profissional de saúde buscar informações sobre o processo de evolução escolar de seus pacientes, não só avaliando sua capacidade de aprender, como, também, analisando o desenvolvimento de habilidades relacionadas ao convívio social. Para isso, torna-se necessário perguntar diretamente à criança ou ao adolescente se ele se sente bem na escola, se tem amigos, se testemunha ou se é alvo e/ou autor de agressões físicas ou morais.

A avaliação psiquiátrica e/ou psicológica pode ser necessária e deve ser garantida nos casos em que crianças ou adolescentes apresentem alterações de personalidade, intensa agressividade e distúrbios de conduta ou se mantenham, por longo período, na figura de alvo, autor ou alvo/autor.

Entre os autores, as alterações de comportamento, os comportamentos de risco e o consumo de álcool e drogas são vistos com mais frequência. Outros fatores que contribuem para a agressividade e o desenvolvimento de desordens de conduta são as lesões cerebrais pós-trauma, maus-tratos, vulnerabilidade genética, falência escolar, experiências traumáticas etc.

O tratamento indicado para o autor de bullying deve ser o de habilitá-lo para que controle sua irritabilidade, expresse sua raiva e frustração de forma apropriada, seja responsável por suas ações e aceite as consequências de seus atos. Portanto, aqueles pacientes que relatarem situações em que protagonizam ações agressivas contra seus colegas merecem tanta atenção, quanto os que são por eles agredidos.

Uma das consequências mais graves é o suicídio, a terceira causa de morte entre crianças e adolescentes nos Estados Unidos e no mundo. Está bastante claro que o surgimento de ideias e/ou comportamentos suicidas são observados mais frequentemente entre os estudantes que participam ativamente em situações de bullying, particularmente como alvos/autores, do que entre os não envolvidos. Observa-se, também, uma tendência maior nas estudantes do sexo feminino. Admite-se que 30% dos suicídios de jovens sejam causados por bullying.

Os identificados como alvos/autores apresentam maior probabilidade de desenvolver doença mental, devendo ser considerados como de maior risco. Manifestações como hiperatividade, déficit de atenção, desordem de conduta, depressão, dificuldades de aprendizado, agressividade, além de todas as demais já citadas, podem ser neles encontradas.

As famílias, tanto dos alvos como dos autores, devem ser ajudadas a entender o problema, expondo a elas todas as possíveis consequências advindas do bullying. Os pais devem ser orientados para que busquem a parceria da escola, conversando com um gestor(a) ou um(a) professor(a) que lhes pareça mais sensível e receptivo(a) ao problema.

DESAFIOS

Quando iniciei as pesquisas sobre o fenômeno bullying, tinha como meta identificar uma forma de violência *sui generis*, haja vista o fato de crianças ou adolescentes ocuparem os papéis de vítima e agressor, excluindo a figura do adulto violento, que impõe a sua agressividade justificando-se por seu status social superior, por ser mais forte ou por ocupar o lugar de autoridade no seio familiar.

As leituras aliadas à convivência com as escolas, professores, pais, crianças e adolescentes foram criando uma rede de causas e efeitos, na qual poderíamos visualizar a figura inicial da criança pura que, na medida em que estabelece relações, é inseminada por hábitos, vícios, modelos e sentimentos que a compõem como um ser social.

Surge então a visão da violência como uma sequência lógica, que acompanha a infância e adolescência em todos os momentos: família, escola e mundos real e virtual, evidentemente, como um sem número de ruídos que invadem esses espaços e momentos.

O espaço escolar, até então pouco explorado, passa a gerar interesse em razão das suas características como um contexto social diferenciado, pois abriga um grande contingente de crianças e adolescentes desacompanhados que busca por suas identidades, por estabelecer relações, por saber se comunicar, por aprender a preservar e conceder direitos e por cumprir deveres.

Não há dúvida de que a família seja o berço maior da educação de uma criança e de que nenhuma instituição poderá jamais substituí-la. Mas também não se pode negar que a escola seja recurso complementar essencial, do qual não se pode abrir mão. Apesar da importância de ambos para a formação da criança, a realidade mostra que essa relação não é tão lógica para as famílias e tampouco para as escolas.

Quando levantamos a questão do bullying escolar, estamos falando de crianças e adolescentes que trazem para os colégios o que aprenderam em casa e em suas comunidades, que adquirem nesse espaço novos ensinamentos e que são, por fim, lançados, aptos ou incapazes, para uma sociedade cheias de normas, mas desigual, injusta e perversa.

Em um discurso muito claro e sem subterfúgios, creio que estamos perdendo o jogo contra a violência social. O nascedouro de onde jorra jovens marginalizados, que foram progressivamente excluídos ou negligenciados no decorrer de suas infâncias e adolescências, é muito mais produtivo do que a capacidade das instituições de segurança e justiça em expurgá-los da sociedade. Para virarmos esse jogo, é preciso agir antes, enquanto estão novos e a sociedade ainda tolera seus erros.

A escola parece ser o que de mais palpável existe para atuar como esse espaço de ação, mas quero deixar destacado que muitos desafios ainda devem ser enfrentados, alguns conhecidos, outros por vir, e nenhum a ser ignorado.

QUESTÕES QUE MAIS PREOCUPAM O AUTOR NO MOMENTO

1. As escolas, na forma como estão organizadas, não agradam aos professores e não são atraentes aos estudantes. Há missão urgente de construção de uma nova escola.

2. As escolas diferem quanto à tolerância diante de atos agressivos, em razão de variáveis específicas de cada uma delas ou mesmo de cada classe.

3. Os programas antibullying não são de fácil replicação. Uma das razões admitidas está relacionada à fraca adesão dos professores e a atitudes passivas dos gestores.

4. O insucesso nas intervenções pode estar relacionado ao entendimento de que bullying e a vitimização são considerados problemas pessoais (individuais), em vez de questões que requerem uma resposta coletiva.

5. Como poderemos ajudar crianças e jovens a reconhecer e entender os possíveis riscos existentes nessa fantástica rede midiática mundial?

6. A mudança de padrões de comportamento é um processo longo e gradual, dirigido por intenso esforço e avaliação cuidadosa.

INDICAÇÕES PARA LEITURA

1. **Abramovay,** Miriam. *Escola e violência.* Unesco, 2002.
2. **Aramis,** A. Lopes Neto. *Bullying. Comportamento agressivo entre estudantes.* Rio Janeiro: Jornal de Pediatria, 2005. 81(5 Supl.):S164-S172. Disponível em www.scielo.br/pdf/jped/v81n5s0/v81n5Sa06.pdf.
3. **Constantini,** Alessandro. *Bullying: como combatê-lo.* São Paulo: Nova Itália, 2004.
4. **Debarbieux,** Éric; **Blaya,** Catherine. *Violência nas escolas: dez abordagens europeias.* Unesco, 2002.
5. **Fante,** Cleo. *Fenômeno bullying.* Campinas: Verus, 2005.
6. **Ortega,** Rosário; **Del Rey,** Rosário. *Estratégias educativas para e prevenção da violência.* Unesco, 2002.
7. **Palácios,** Marisa; **Rego,** Sérgio. *Bullying: mais uma epidemia invisível?* Rio de Janeiro: Revista Brasileira de Educação Médica, 2006. Vol. 30 nº. 1, Janeiro/Abril. Disponível em: http://www.scielo.br/scielo.php?pid=S0100- 55022006000100001&script=sci_arttext.
8. **Simmons,** Rachel. *Garota fora do jogo.* Rio de Janeiro: Rocco, 2004.
9. **Sociedade Brasileira de Pediatria.** *Crianças e adolescentes seguros.* São Paulo: Publifolha.

FILMES E SITES RECOMENDADOS

FILMES

1. Bang bang você morreu. Direção: Guy Ferland, Estados Unidos/Canadá, 2002

2. Bully. Direção:Larry Clark. Estados Unidos, 2001.
3. Elephant. Direção: Gus Van Sant Jr. Estados Unidos, 2003.
4. Meninas malvadas. Direção: Mark Waters. Estados Unidos, 2004.
5. Tiros em Columbine. Direção: Michael Moore. Estados Unidos, 2002.
6. Um grande garoto. Direção: Chris Weitz, Paul Weitz. Inglaterra, 2002.

SITES

1. www.antibullying.net
2. www.bullying.com.br
3. www.bullying-in-school.info/pt/content/home.html
4. www.bullying-in-school.info/uploads/media/Conference_3_-_full_Report.pdf
5. www.bullyingnoway.com.au
6. www.bullying.pro.br
7. www.bullystoppers.com
8. www.childline.org.uk/Bullying.asp
9. www.cyberbullying.org
10. www.dfes.gov.uk/bullying/index.shtml
11. www.diganaoaobullying.com.br
12. www.kidscape.org.uk
13. htpp://nomorebullying.blig.ig.com.br
14. http://noticias.terra.com.br/mundo/ultimasnoticias/0,,EI294, 00.html
15. www.observatoriodainfancia.com.br/rubrique.php3?i d_rubrique=19
16. htpp://oecd-sbv.net
17. www.preventionviolence.ca/html/home.html

SOBRE O AUTOR

Aramis Antonio Lopes Neto, carioca, formado em medicina pela Faculdade de Medicina da Universidade Federal do Rio de Janeiro, em 1977. Fez residência médica na especialidade de pediatria, no Instituto de Puericultura e Pediatria Martagão Gesteira. Desde 1979, é médico da Prefeitura do Rio de Janeiro, ocupando atualmente o cargo de Diretor do Centro Municipal de Saúde Milton Fontes Magarão.

Como médico pediatra, sua carreira é marcada por duas características principais: sua atuação sempre no serviço público e sua luta permanente pela segurança de crianças e adolescentes, no que diz respeito à prevenção de acidentes e violências.

Assim tem sido a sua participação como membro da Sociedade Brasileira de Pediatria (SBP) e da Sociedade de Pediatria do Estado do Rio de Janeiro (SOPERJ), ocupando espaço como Diretor de Direitos da Criança da SOPERJ, de 1998 a 2009; como Membro do Departamento Científico de Segurança da Criança e do Adolescente da SBP, nos períodos de 1998 a 2003 e de 2007 a 2009; e, atualmente, no cargo de Presidente do Departamento Científico de Segurança da Criança e do Adolescente da SBP, no período 2010/2012.

É autor, junto com Lucia Helena Saavedra, do livro *"Diga NÃO para o Bullying – Programa de Redução do Comportamento Agressivo entre Estudantes"*, produzido pela Associação Brasileira Multiprofissional de Proteção à Infância e à Adolescência – ABRAPIA, 2004 (1ª Ed) e 2008 (2ª Ed).

Autor do artigo de revisão *"Bullying – Comportamento Agressivo entre Estudantes"*, no Jornal de Pediatria da Sociedade Brasileira de Pediatria, em 2006.

Escreveu capítulos sobre bullying nos seguintes livros nacionais e internacionais: *Construindo Escolas Promotoras de Saúde* (2003); *Manual de Segurança da Sociedade Brasileira de Pediatria* (2006); *Tratado de Pediatria da Sociedade Brasileira de Pediatria* (1ª Ed - 2007) (2ª Ed - 2010); *Manual Escolas Promotoras de Saúde*, do Ministério da Saúde (2006) e *Violência Escolar – Estúdios e Posibilidades de Intervención en Latinoamérica*, editado por Christian Berger e Carolina Lisboa, Editorial Universitária, 2009.

Teve participação em eventos internacionais sobre o tema bullying, ministrando uma Oficina no *II Seminario Internacional Violencia y Infancia*, promovido pela Instituicion Márgenes y Vínculos, em Cadiz, Espanha, em 17/3/2005, e como participante da The International Online Conference *Coping with School Bullying and Violence Using the Internet*, na condição de único brasileiro convidado, no período de 4 de maio a 3 de junho de 2005, promovido pelo projeto Visionaries-Net, patrocinado pelo Programa Sócrates/Minerva da União Europeia. Acessado pelo site http://www.conference.bullying-in-school.info/index.php?id=13.

Aramis ainda continua a estudar o fenômeno bullying e se dedica a divulgá-lo na mídia, em eventos científicos e em encontros com profissionais e pais interessados no tema.

O livro agora lançado traz conceitos mais atualizados e amplia o tema para além dos muros escolares, correlacionando-o com a família e a sociedade, além de pontuar as responsabilidades das esferas governamentais para a adoção de políticas públicas dedicadas, que possibilitem a criação de escolas seguras e saudáveis para nossas crianças e adolescentes.